本书是教育部人文社会科学基金规划项目（18YJA790055）与国家社会科学基金一般项目（12BJY120）的阶段性成果，受武汉大学"理论经济学双一流"学科建设经费资助。

G20框架下的
中国参与全球经济再平衡研究

A Study on China's Participation in
Global Rebalance under G20

刘 威◎著

人民出版社

责任编辑:李甜甜
封面设计:林芝玉
责任校对:白　玥

图书在版编目(CIP)数据

G20框架下的中国参与全球经济再平衡研究/刘威 著. —北京:人民出版社,
　2019.11

ISBN 978－7－01－021521－1

Ⅰ.①G… Ⅱ.①刘… Ⅲ.①中国经济-经济失衡-研究 Ⅳ.①F124

中国版本图书馆 CIP 数据核字(2019)第 236767 号

G20 框架下的中国参与全球经济再平衡研究

G20 KUANGJIA XIA DE ZHONGGUO CANYU QUANQIU JINGJI ZAIPINGHENG YANJIU

刘　威　著

人 民 出 版 社 出版发行
(100706　北京市东城区隆福寺街 99 号)

中煤(北京)印务有限公司印刷　新华书店经销

2019 年 11 月第 1 版　2019 年 11 月北京第 1 次印刷
开本:710 毫米×1000 毫米 1/16　印张:11.5
字数:126 千字

ISBN 978－7－01－021521－1　定价:50.00 元

邮购地址 100706　北京市东城区隆福寺街 99 号
人民东方图书销售中心　电话 (010)65250042　65289539

目　录

绪　　论

一、中国参与全球经济再平衡的背景与问题

　　20 世纪 80 年代初以来,在中国实施改革开放及其逐步深入的背景下,中国对外经济与贸易交流日益增多,中国的出口及贸易顺差的规模加速扩大。根据中国国家统计局发布的《2018 年国民经济和社会发展统计公报》显示,2018 年中国出口货物贸易总额达到 164177 亿元,比 2017 年增长 7.1%;进出口货物贸易顺差依然达到 23303 亿元,其中一般货物贸易顺差 8458 亿元,加工类货物贸易顺差 21579 亿元。面对日益扩大的出口及贸易顺差对中国互利共赢开放发展的可能影响,党的十九大报告提出要"推动形成全面开放新格局",同时,《中华人民共和国国民经济和社会发展第十三个五年规划纲要》也提出要"加快对外贸易优化升级,积极扩大进口,优化进口结构,健全对外开放新体制,扩大金融业双向开放",因此,合理调节中国对外进出口,维持中国经济的可持续增长,已经成为当前中国稳定外部经济环境的关键支撑和重要内容之一,而如何更有效地评估中国对外的国

际收支水平及相关调整路径的有效性,找到对应的最优或次优的可行策略,也成为当前中国参与全球经济再平衡协调与治理、保持经济可持续增长和维护稳定的外部经贸环境,需要解决的重大现实难题之一。

由于当前的中国参与全球经济再平衡协调与治理的影响并不局限于贸易领域,会扩展到金融市场、资本流动、跨国投资等多个领域,并对各个经济体的经济增长产生影响,因此,它已经不是一个国家的行为(刘威,2014),而是世界多个国家和地区在全球经济再平衡上的共同调整与合作,目前的单个国家和地区的贸易再平衡也更多地为全球经济再平衡协调与治理替代。

2005 年,国际货币基金组织(International Monetary Fund, IMF)前总裁拉托发表《纠正全球经济不平衡——避免相互指责》一文,创新性地提出"全球经济不平衡"的概念,这使各国关注的对外经济不平衡已经从两国间的贸易收支不平衡、区域间的经济发展不平衡转移到全球经济不平衡,对全球经济再平衡协调与治理问题的关注不断增多。其中,以二十国集团(简称 G20)为代表的全球性经济协调平台开始日益关注全球经济再平衡的协调与治理,G20 也因此成为全球治理格局中最重要的推动全球经济再平衡协调与治理的力量,中国在 G20 框架下合理、适度地调整自身对外贸易顺差的扩大,也成为其参与全球经济再平衡协调与治理的主要手段之一。2005 年,在中国北京举行的第七届 G20 财长和央行行长会议,首次以 G20 会议的名义提出要"实现世界经济平衡有序发展",G20 框架下的全球经济再平衡协调与治理成为国内外政界和学术界关注的重点问题之一。2009 年在美国匹兹堡举行第三届 G20 领导人峰会,在承办方美国政府的推动下,如何实现全球经济再平衡成为其最主要的议题之一。而 2018 年的阿根廷布宜诺斯艾利斯 G20 峰会与 2019 年的日本大阪 G20 峰会都将全球经济再平衡的协调与治理作为重要议题之一。因此，目前G20 框架下的全球经济再平衡协调与治理仍然是中国参与全球经济再平衡的主要方式之一。

　　然而，目前对 G20 框架下的中国如何通过多类渠道参与全球经济再平衡协调与治理，国内外学术界的研究还相对较少，G20 对各国参与全球经济再平衡协调与治理的要求是什么？中国基于G20 统一标准下的贸易收支波动的实际程度是什么？中国参与全球经济再平衡协调与治理的不同渠道的实际效果如何？影响中国参与全球经济再平衡协调与治理实效的实际因素有哪些？中国参与全球经济再平衡协调与治理可能面临哪些不确定性因素的可能影响及其主要趋势？中国如何应对这些贸易不确定性和参与 G20框架下的全球经济再平衡协调与治理，尤其是如何在目前的全球经济再平衡协调与治理中保证自身利益，实现参与各方的互利共赢？这些问题的研究和解决，都对中国未来经济增长和贸易扩大具有十分重要的理论价值与现实意义。

二、中国参与全球经济再平衡
协调与治理的研究目标

　　笔者认为，根据传统的国际经济学理论，一国的对外收支是用国际收支来衡量的，它不仅包括以进出口贸易为核心的经常项目收支，还包括以资本流出入为核心的金融与资本项目收支，而目前对中国外部不平衡的关注主要集中在贸易收支的波动上。同时,对中国而言,面临的外部贸易收支不平衡不仅是中国与特定国家和地区间的双边贸易收支不平衡,中国整体的对外贸易不平衡及其持续扩大也是需要解决的关键现实难题之一。尤其对中国而言,适度调整中国对外贸易结构及顺差,明确中国参与全球经济再平衡协调与治理渠道的实际效果和影响因素,对中国自身未来的出口和经济的可持续增长的意义更为重要。因此,本书的研究目标不仅包括分析中国贸易收支波动及参与全球经济再平衡协调与治理的渠道,还包括从金融渠道调节中国对外以资本流动收支为核心的其他国际收支的波动。具体而言,本书以中国参与全球经济再平衡协调与治理的渠道和策略问题为主要研究对象,在G20的框架下展开研究。第一,从理论上解析G20框架下中国参与全球经济再平衡协调与治理的理论基础;第二,综合利用G20历次领导人峰会和部长级会议提出的评估指标体系,对中国的外部贸易收支波动程度进行系统评估;第三,研究G20框架下中国参与全球经济再平衡协调与治理渠道的有效性,探讨对国际收支整体波动进行治理的贸易渠道和金融渠道的实际效果;第四,研究中国参与全球经济再平衡协调与治理的影响因素及其产生的主要影响,其中重点对再平衡协调与治理对各方实际利益,尤其是对中国制造业出口收益变化的影响等问题进行实证研究;第五,结合当前的全球经济再平衡协调与治理对贸易各方的利益影响,对中国参与全球经济再平衡协调与治理的可能趋势进行了一定预测;第六,对中国如何开展参与全球经济再平衡协调与治理提出自己的对策建议,为中国"和谐"参与G20框架下的全球贸易与金融收支再平衡协调与治理,提供具体的理论借鉴与政策参考。

三、中国参与全球经济再平衡协调与
治理的研究方法和主要特点

本书以马列主义基本原理和习近平新时代中国特色社会主义经济思想为指导，将互利共赢开放理论与西方的宏微观经济理论充分结合，在已有的文献研究成果的基础上，利用定量分析、统计分析和定性分析相结合的方法，对中国参与全球经济再平衡协调与治理中的核心问题展开深入研究。具体而言：第一，在定量分析方面，本书在 G20 的框架范围内，利用设置的出口收益指数评估中国制造业的出口收益及特点，进而利用静态和动态面板分析方法，对中国制造业出口收益变化的影响因素进行研究，分析中国调整制造业出口可能对中国制造业出口收益产生的影响；同时利用门限回归分析方法和最小二乘法回归，对贸易和金融调整路径在各国贸易收支和金融与资本收支波动调节中的有效性进行实证研究，最终归纳和总结中国参与 G20 框架下的全球经济再平衡协调与治理的合理路径和可行策略。第二，在统计分析方面，本书主要利用法国巴黎 G20 领导人峰会提出的经各主要经济体认可的内外经济发展水平测度指标和历史时间序列数据法，对中美两国的内外经济发展的程度进行实证评估和对比分析。第三，在定性分析方面，利用政治经济学和西方经济学分析方法，探讨影响中国外部贸易收支波动及其治理的主要影响因素，分析调整贸易收支波动对各方利益的可能影响，最终提出 G20 框架下合理调节中国外部贸易收支波动的可行路径和参与全球经济再平衡协调与治理的策略;同时,对中国参与全球经济再平衡协调与治理的未来发展趋势进行分析、预测和归纳。

本书的研究特点主要集中在以下三个方面。

第一,视角独特。本书选择 G20 框架下的中国外部贸易收支波动及再平衡的评估及其协调与治理,作为主要研究对象,并将研究重心放在中国参与全球经济再平衡调节的贸易渠道和金融渠道的有效性研究上。具体从三方面展开研究:其一,考虑到 G20 框架下的全球经济再平衡的协调与治理主要集中在 2008 年全球金融危机后的四年,因此本书利用 G20 领导人峰会、财长和央行行长会议官方设置的评估一国或地区内外经济发展程度的指标,客观评估中国外部贸易收支波动的程度,并用中美两国的数据,比较两国外部贸易收支波动在 2008 年全球金融危机后的主要差异,找到中国外部贸易收支波动存在的主要问题。其二,以 G20 国家和地区的数据为基础,评估全球经济再平衡协调与治理的不同调整路径的有效性。尤其是利用 G20 国家和地区的数据,从金融调整渠道的视角,研究金融发展差异、金融调整路径和中国贸易收支与金融收支波动治理的内在联系。其三,利用 G20 国家和地区的数据,研究中国参与全球经济再平衡协调与治理产生的具体影响,尤其是对中国参与全球经济再平衡协调与治理的利益影响研究是本书的主要特色之一。

第二,内容翔实。本书的内容是在前人研究的理论基础上进行的深入分析,然而此前的相关理论研究缺乏对一国外部贸易与金融收支波动的调整路径的有效性评估研究,尤其是对不同类型调整路径的效果进行评估的比较还相对较少。本书在前人研究的基础上,从贸易渠道和金融渠道两种大类调整路径,以及不同国家和地区的国民收入、汇率和资产价格收益率等多种具体调节路径,对 G20 框架下的各国不同类型的制成品贸易收支波动及其调整的效果进行深入比较。同时,本书深入地分析了中国外部贸易和金融收支波动的结构、贸易和金融收支波动调整的实际利益影响、中国参与全球经济再平衡协调与治理的可能发展趋势。进而提出G20 框架下中国推进参与全球经济再平衡协调与治理的具体路径与可行策略。目前,国内外学术界在这方面的较为全面地系统研究还相对偏少。

第三,方法多样。本书强调利用统计测度和计量分析方法,研究中国外部贸易和金融收支波动的结构以及参与全球经济再平衡协调与治理路径的实际效果。尤其是本书利用 G20 官方会议提出的测度方法,对中国外部贸易和金融收支的波动程度进行评估和测度;同时,本书侧重利用面板门限分析法、面板最小二乘法回归估计以及协整分析法,对中国参与全球贸易和金融再平衡调整路径的实际效果进行实证评估。此外,本书对中国参与全球经济再平衡协调与治理中的利益分配及其结构进行了统计分析,较为准确和真实地反映了中国外部贸易收支和金融收支波动的实际程度及其内在利益分配,并提出了具体的合理调节中国参与全球经济再平衡协调与治理的路径与策略。而这一类的相关理论与实证研究目前还相对偏少。

四、中国参与全球经济再平衡
协调与治理的研究思路

本书的主要研究思路如下:以习近平新时代中国特色社会主

义经济思想与互利共赢经济开放理论为基础,对中国参与全球经济再平衡协调与治理中的重要问题展开研究。第一,回顾国内外学术界有关贸易收支波动的调节渠道、调节的可行策略及调节可能遇到问题的文献,并进行回顾总结与理论评述。第二,在 G20 框架下,利用 G20 官方制订的测度方法和评估指标,评估中国的外部贸易收支波动的程度,找到中国外部贸易与金融收支波动形成的重点领域和内在实质,提出中国参与全球经济再平衡协调与治理的重点领域和主要策略。第三,在简述中国外部贸易与金融收支波动中现有利益分配格局的基础上,探讨 G20 框架下参与全球经济再平衡协调与治理对主要当事方的利益的可能影响,进而评估不同治理渠道对中国参与全球经济再平衡协调与治理的效果及差异。第四,在分析影响中国参与全球经济再平衡协调与治理效果因素的基础上,对中国外部贸易与金融收支波动治理的可能发展趋势进行了预测[1],最终提出符合中国利益要求,并能够实现互利共赢的中国参与 G20 框架下的全球经济再平衡协调与治理的具体策略。

本书的体系框架除了绪论和参考文献外,共分六章内容,具体如下。

第一章,中国参与全球经济再平衡协调与治理的研究现状。在系统回顾中国外部贸易收支的波动及全球经济不平衡的原因、调整及利益分配的研究现状基础上,对贸易收支波动的调整渠道、影响因素及 G20 框架下的全球经济再平衡协调与治理等问题的研究现状进行梳理和综述,找到目前的主要研究不足,提出本书的

---

[1] 为了便于后文的分析,本书后面将以国际收支的波动指代一国贸易收支和金融收支的综合波动。

主要研究问题。

第二章,中国参与全球经济再平衡协调与治理研究的理论基础。利用现有的国际收支调节理论,对本书相关问题的理论和方法基础进行研究。首先,从调整一国经济再平衡的贸易渠道的理论基础入手,利用理论模型分析贸易渠道的主要构成;其次,从一国经济再平衡调整的金融渠道的理论基础入手,探讨金融发展差异对金融渠道影响外部贸易和金融收支波动的非线性理论机制;最后,结合传统的国际收支理论,解析一国参与全球经济再平衡协调与治理的理论基础。

第三章,G20 框架下中国的对外收支波动程度评估。在 G20 的框架和范围内,参考 G20 官方会议通过的测度方法和参考指南,构建评估一国内外经济发展程度的评估指标体系,并利用该评估指标体系测度中国的内外经济发展程度,指出中国的外部收支波动程度的主要特点及调整的可能发展趋势,并从统计和实证的视角,研究中国外部收支波动的原因及其影响因素。

第四章,G20 框架下中国参与全球经济再平衡路径的有效性评估。首次,从贸易渠道研究中国贸易收支波动治理的有效性和具体影响。重点利用中国内外需求和人民币汇率指标,评估三种贸易调节渠道对一般贸易收支波动和加工贸易收支波动治理的有效性及其差异。其次,从金融异质性视角探讨金融渠道调整中国外部贸易与金融收支波动的效用影响,分析在不同的金融发展水平差异下,汇率渠道和资产收益率渠道对一国外部贸易与金融收支波动调节的非线性影响,最终探讨不同类型金融渠道调节中国对外贸易与金融收支波动的有效性,初步确定中国外部贸易与金融收支波动的可行调整渠道。

第五章,中国参与全球经济再平衡协调与治理的利益影响及可能趋势。首先,系统评估中国参与全球经济再平衡协调与治理对各方利益的实际影响,其中重点针对参与全球经济再平衡协调与治理对各方的经济利益的影响、对各方经济增长的影响、对中国行业出口贸易利益的影响,进行统计和计量研究。其次,对中国参与全球经济再平衡协调与治理的可能方向和未来趋势进行了分析和预测。

第六章,G20框架下中国参与全球经济再平衡协调与治理的策略选择。在中国参与全球经济再平衡协调与治理的路径有效性的评估及可能趋势的研究结论基础上,系统探讨不同国家和地区参与全球经济再平衡协调与治理的主要利益诉求。最终对G20框架下中国参与全球经济再平衡协调与治理的可行策略进行定性分析和归纳总结,找到中国参与全球经济再平衡协调与治理的主要切入点和主要路径。

本书的主要观点可以归纳为以下五点。

第一,在2008年全球金融危机及G20框架下的各方协调努力下,世界主要国家和地区间的不平衡确实已经得到初步的调整,但其调整仍是一种受金融危机影响的被动调整。中国贸易收支波动缓解的主要原因仍主要来自刺激经济增长情况下中国财政支出的增加、国内金融深化程度的提升、金融危机影响下的中国经济增长及进出口增速减慢。中国需在防范外部贸易收支调整风险和增加实际利益基础上,适当扩大进口与增加金融收益。

第二,G20全球治理已经成为目前全球经济再平衡协调与治理的主要平台和机制,但目前由于G20机制化和制度化建设的不足、G20 全球经济再平衡协调与治理和世界经济的复苏存在矛盾、G20 未重视全球的结构性贸易收支波动的调整、G20 对全球经济再平衡的治理标准没有达成一致及 G20 未改变以美国为中心的国际金融货币体系等的影响，G20 框架下的全球经济治理效用还相对较为有限，并未从根本上改变当前全球经济不平衡扩大的趋势，提升 G20 全球经济治理的效果任重而道远。

第三，不同的调整渠道会对中国外部贸易和金融收支的变动产生差异化影响。在全球经济再平衡调整的贸易渠道上，人民币汇率的升值仅对中国一般贸易顺差的减少有效，外部需求调整对中国加工贸易顺差的减少有效，调整国内需求对中国加工贸易和一般贸易顺差的减少均有效，而中国对外贸易顺差的核心集中在加工贸易领域，因此，调整中国内外需求是从贸易渠道调整外部贸易收支波动的可行路径。在全球经济再平衡调整的金融渠道上，金融渠道对一国外部金融和贸易收支总体波动的调整正发挥着日益重要的作用，但金融深化水平、金融市场发展和金融开放度的变动，很可能对金融渠道调整一国外部金融和贸易收支总体波动的实际效果产生差异化影响。推进金融市场发展，充分发挥金融渠道调节效应，将会是中国外部金融和贸易收支总体波动调节进程中的可行路径和策略。

第四，调整中国外部贸易收支会对贸易各方的实际利益产生影响，需要贸易各方的协调与治理。对中国而言，中国需要审慎减少对外出口贸易，以防止出口收益下降对中国经济增长产生负面影响。尤其是要在"一带一路"倡议的实施过程中，谨慎协调"一带一路"沿线国家和地区对华贸易与其他国家和中国贸易的平衡发展。

第五,中国应谨慎参与全球经济再平衡协调与治理,合理调节对外贸易收支的波动,利用"一带一路"沿线国家和地区及中国的国内市场,扩大出口贸易,调整贸易结构,并谨慎扩大进口,维持中国自身利益和经济的可持续增长。

五、中国参与全球经济再平衡研究的创新点

本书在已有的全球经济再平衡的利益分配研究的基础上,立足于从一国外部贸易收支和金融收支波动的治理的角度,利用G20的数据,探讨不同类型调整渠道的实际效果及其影响因素。本书的主要创新点有三:其一,本书利用法国巴黎 G20 峰会等提出的测度方法及评估指标,建立了国际可比的测度一国内部经济发展和外部贸易收支波动情况的指标体系,测度中国外部贸易收支波动的程度,重点针对中国外部贸易收支波动的影响因素进行了实证研究。其二,针对中国外部贸易和金融收支波动的调整路径的实际效果,进行了比较和实证研究。本书的内容从贸易渠道和金融渠道两个视角,对中国参与全球经济再平衡协调与治理路径的实际效果进行了评估和实证研究,尤其是将中国对外贸易收支波动分为加工贸易收支波动和一般贸易收支波动,分别探讨了不同调整路径对两类方式的贸易收支波动的治理的有效性。其三,对中国参与全球经济再平衡协调与治理的可能发展趋势进行了理论预测,针对性地研究了中国参与全球经济再平衡协调与治理的可能影响及中国可以实施的主要治理策略。

但本书的研究还存在一定的不足:第一,对全球经济再平衡协

调与治理中的利益分配研究还存在一定的不足,由于本书涉及 20 个国家和地区,研究的范围较广泛,相关数据的匹配、测度和获得都非常困难,如在中国制造业的出口收益测度研究上,能够找到的相关统计数据及测度的结果仅到 2014 年,这主要是因为建立在 20 个国家(或地区)和产品层次基础上的数据过于庞杂,是在将近 100 万的数据中整理得到的,而且 G20 部分国家和地区的经济指标原始数据的统计和测度在目前而言更新较慢。第二,由于本书内容的研究跨度时间较长,因此,本书的部分研究数据,尤其是实证研究的数据范围可能仅到 2014 年,且由于 G20 对全球经济再平衡的协调与治理进程主要集中在 2005—2012 年,因此实证研究集中在这一时间段研究更为精准,而且本书的相关实证研究结果都是针对具体要解决的问题得到的,用这些数据进行的实证分析可以解释本书的主要观点和要说明的问题,并不影响主要结论和政策建议,因此,相关研究结果依然可信,内容依然具有可读性。

第一章　中国参与全球经济再平衡协调与治理的研究现状

目前,国内外学术界对中国外部贸易和金融收支波动的原因、影响及调整等问题,已经进行了较为系统的研究。尤其是进入 21 世纪,在全球经济衰退趋势日益显现的背景下,以国际收支调整为核心的全球经济再平衡协调与治理问题成为国内外政界和学术界关注的重要问题之一,各国参与全球经济再平衡协调与治理也不仅仅是贸易收支的调整,而是包括贸易和金融调整的国际收支整体治理。随着 2009 年美国匹兹堡 G20 领导人峰会上提出"全球经济再平衡"议题,在 G20 框架下开展全球经济治理和再平衡,受到越来越多的关注,关于中国外部贸易收支与金融收支再平衡问题的研究也在全球金融危机的背景下日益增多。

第一节　早期对中国贸易收支及其调整的研究

自 20 世纪 80 年代初美国商务部首次提出中国对美国出现贸

易顺差以来,在中国对外贸易不平衡研究中,中美贸易顺差一直是早期国内外学术界关注的焦点。因此,早期对中国外部贸易收支波动的研究集中在中美贸易收支波动及其调整上,国内外学术界对中美贸易收支波动的原因、影响及其调整等问题进行了深入研究;同时,部分国内外研究也围绕 20 世纪 80 年代初出现的美国"双赤字"成因及其调整,对如何治理一国外部贸易收支波动进行了较为深入的理论研究。

一、早期对中国贸易收支波动的成因及其调整的研究

自 20 世纪 80 年代初,美国首次出现对中国的货物贸易逆差以来,美国就一直认为对外进口的持续扩大会导致其大量资本外流。因而,早期对中国外部贸易收支波动的研究主要集中在中国对单个国家贸易收支波动的原因及调整探讨(Lachica,1996)。而从目前的国内外研究现状看,学术界对中美贸易收支波动及调整的研究主要集中在四个方面:第一,解析中美贸易收支呈现逆差的形成原因及影响(Lardy 等,1997、2000;陈宝森,2003;Saadi,2014;沈国兵,2004)。第二,预测中美贸易收支向逆差的方向发展的可持续性(Mann 等,2004,刘威,2009)。第三,探讨中美贸易收支逆差扩大中的实际利益分配(Samulson,2004;Hausmann 等,2006;Haddad,2007;刘光溪等,2006;陈继勇等,2006、2008;宋玉华,2002;郭其友等,2011;孙华好等,2006;曾峥等,2008)。第四,部分学者关注了中美贸易收支波动的具体调整策略。相继提出了改善中国的宏观经济体制和运行机制、完善中国的外商直接投资引入结构、调整美国对中国的高技术出口管制、改善中美两国的储蓄意愿、治理中国的贸易产品结构、调整中国的人民币汇率等具体措施

（Feldstein，2011；张燕生，2006）。

近年来随着对贸易再平衡研究的深入，使得许多国内外学者更为关注在中国对外贸易收支波动乃至全球经济再平衡协调与治理中，各方实际的贸易利益分配（Klitgaard 等，1997；Kiyoshi，1962），以明晰贸易各方在贸易收支波动扩大中的实际利益得失，进而提出有针对性的和符合各方利益诉求的调整贸易收支波动的具体措施。而这一定程度上为中国如何参与调整国际收支波动，指明了具体方向和重点领域，有利于贸易各方在相互合作和竞争中实现互利共赢。

二、"全球经济再平衡"的研究现状

早在 20 世纪 80 年代之前，美国就对日本、韩国等世界其他经济体出现贸易赤字，同时美国的政府存在巨额财政赤字，各国政界和学术界因而在美国的"双赤字"等问题上，展开了深入研究，伯南克（Bernanke，2005）、斯奈德等（Schneider 等，2004）、麦金农（Mckinnon，2001）、杜德利等（Dudley 等，2004）就从全球储蓄过剩、美国与世界其他经济体的收入增长情况不同、美元特权及美国的巨额消费、美国财政赤字的内在影响等视角，解释了美国贸易赤字的成因。

而随着 21 世纪初美国对外贸易赤字的逐渐扩大，自 2005 年国际货币基金组织前任总裁拉托提出"全球经济不平衡"的定义以来，国内外学术界又开始在全球经济不平衡及其调整的框架下，研究美国的对外贸易收支波动及全球经济再平衡协调与治理问题。并先后在各主要经济体的经济再平衡的影响因素、调整的成本及其风险、具体调整路径上进行了进一步深入研究（Rose 等，

1989；Edwards，2005；Zarnowitz，1992；Milesi-Ferreti 等，2000；Zhang 等，2008；Caballero 等，2009），但从现有的研究结论看，现有研究忽略了全球经济再平衡协调与治理可能对各方经济利益产生的不利影响的研究，因此世界各主要经济体对如何调整全球经济再平衡，难以形成一致的观点和可行措施。

第二节　中国参与全球经济再平衡协调与治理的新问题研究

随着国内外学术界对全球经济再平衡协调与治理问题研究的深入，在更多具体问题的研究上，国内外学术界开拓了许多新的研究领域，尤其是在一国外部贸易收支波动及其治理的路径选择上，提出了许多新的观点和研究视角，也使现有的全球经济再平衡协调与治理问题研究出现了更多的争议。

一、行业和企业层次的贸易利益分配研究

自 20 世纪 80 年代初以来，西方国家的跨国公司对外直接投资带来的全球价值链和生产网络的形成，使不同国家和地区间的产品内分工日益增多，同一种商品的不同环节在不同国家的生产和组装已经成为一个普遍现象。而这种产品的不同环节集中于不同国家和地区的国际分工模式，也使得以往的以国际贸易差额性质及贸易条件是否改善为判定依据的贸易利益统计方法，已经不再适应新的国际贸易和分工的实际，会导致一些国家的实际贸易利得被漏算或重复计算，进而掩盖国家间的真实利益分配的现实。

于是国内外学术界对贸易利益分配的研究,出现两个新的研究方向:其一,基于附加值的实际贸易利益统计的研究开始增多。国内外学者先后利用基于垂直型国际分工的附加值贸易利益统计方法(Hummels 等,2001)、一国贸易附加值与其出口贸易额的比重衡量相对贸易利益统计方法,研究了基于附加值的全球贸易利益分配问题(林季红和孟静,2012;Koopman 等,2012;Lall,2000;黎峰,2016)。其二,在研究国家和行业间在贸易收支波动中的实际利益分配基础上,许多学者开始在企业产品层次上进行贸易收支波动中的利益分配的研究(刘威等,2018)。梅里茨(Melitz,2003)研究了企业异质性与一国进出口贸易利益的关系。阿米利亚(Amelia,2011)则使用 HS6 分位的商品出口数据,评估了 1993—2003 年的中国出口收益。樊纲(2006)则通过测度出口商品的技术附加值,研究中国的出口质量。汪素芹(2008)采用 SITC 标准 4 分位产品出口数据,研究中国对美国出口产品的相对比较优势及其对贸易收益的影响。林玲等(2013)通过企业层次的贸易利益测度模型和基于 FDI 的贸易利益测度模型,研究了中美贸易中的利益分配及其影响。张小蒂等(2006)和林季红等(2012)则发现了垂直专业化分工与中国产业利益分配的内在关系。目前来看,国内外学术界从行业和企业层次研究中国制造业相对和绝对出口收益影响因素的文献仍然比较少,需要更多地从行业中观和企业微观视角研究一国贸易利益分配的影响因素。

二、一国内外经济发展水平的测度研究

随着对一国外部贸易收支波动问题研究的日益深入,在研究贸易收支波动是否可持续及平抑贸易收支波动的具体调整路径的

基础上,国内外学术界开始更多地关注从定量的视角,对一国的宏观经济内外波动水平和程度进行统计测度(Randveer 等,2006)。目前学术界已经有了一定的前期研究,相关研究可以分为对一国经济波动程度的局部测度和整体测度。首先,在局部经济波动程度的测度方面,早在 20 世纪 60 年代,就有学者从产业结构波动的视角进行了前期研究。巴拉萨(Balassa,1965)利用显性比较优势指数评估了主要国家和地区的产业结构波动程度。盖里纳(Galina,1997)则通过构建长期收入潜能指数,测度各国的经济波动程度。此后,国内也有一些学者尝试对一国的内外经济波动程度进行了测度。徐德云(2011)研究了如何进行一国产业结构均衡的测度。汲凤翔等(2007)建立了宏观投资效益评价指标体系,对中国的固定资产投资情况进行了系统评估,而韩秀兰等(2008)也通过协整的计量方法,构造了衡量一国投资水平的相关指标,并用这些指标尝试对中国的外部投资规模进行统计测度。但这些测度研究更多集中于对一国的局部经济波动程度的测度研究。

而随着 2005 年全球经济不平衡及再平衡概念的提出,并日益得到国内外学术界的关注,对一国宏观经济波动水平的整体测度开始日益增多(陈志勇等,2012;梁琦等,2005;刘威等,2015)。尤其是 G20 开始关注全球经济不平衡的测度研究并日益官方化。在 2011 年美国华盛顿 G20 财长和央行行长会议上正式确定了衡量一国内外经济波动水平的量化手段。而国内也有部分学者对一国内外整体经济波动程度进行了深入研究,程实(2007)构造了一个包括 4 个层次、25 个具体指标的指标体系,测度 1978—2005 年的中国内外经济波动程度。李宝瑜(2009)则构造了包括 5 个层次的 93 个变量的指标体系,测度中国宏观经济总体波动程度,发现其部分领域有下降的态势。

上述前期研究显示已有的测度方法有很好的理论基础,但仍有一定的不足:第一,已有研究对测度变量的选择主要基于主观选择,测度得到的相关结论难以客观地反映一国的实际外部贸易和金融收支波动及调整情况;第二,已有研究的变量选择范围过于宽泛,评估标准和方法至今没有实现标准化,缺少可信性;第三,较少使用学术界认同的评估体系进行研究,如利用G20框架下的指标评估体系进行一国贸易收支波动的研究相对偏少,相关评估结果缺乏国际上的可比性。这些也是各国和地区难以对各国外部贸易和金融收支波动程度和治理形成一致意见的主要原因之一。

三、一国参与全球经济再平衡的调整路径的新研究

(一)全球经济再平衡中的路径争议

虽然,从理论上分析,在市场因素的影响下,国际贸易的顺差和逆差是正常情况,但双方贸易不平衡的较快增长,不利于双方进一步合作与协调。因此,在目前已有的全球经济不平衡测度及各方如何进行利益分配的研究基础上,国内外学术界又开始回到了外部经济波动及再平衡协调与治理研究中最为关键的实质性问题:如何实现全球经济再平衡,尤其是如何合理调整一国的贸易收支波动。在这一问题上,新的研究依旧在具体调整路径的选择上存在争论。卡布诺等(Caballero等,2008)、普夫(Popov,2010)、余永定(2006)、王国刚(2010)等先后从消除跨国间的资本要素流动障碍,调整财政政策和货币政策,加强不同经济体间的国际货币合

作,促进中国的国内需求,调整对外资的优惠待遇,实施人民币汇率升值及积极参与和美、欧等发达经济体间的国际经济协调等视角,研究治理的具体路径和措施。

而从2010年开始,各国在2008年全球金融危机的影响下,陆续实施对本国金融市场的救市措施(陈学彬等,2010),例如,美国和中国均实施了大规模经济刺激计划,但各经济体的经济恢复速度却显得异常不平衡。在全球经济不平衡和全球金融危机的双重影响下,发达国家和地区开始在G20等全球经济协调治理平台中,提出要实现"全球经济再平衡",对全球经济再平衡问题的理论研究也随之进入"高潮期"。目前,国内外学术界在这一问题上的相关研究主要集中在四方面:第一,关注一国贸易收支波动的上限标准的量化研究。2010年,美国前财政部部长蒂莫西·盖特纳要求G20框架下的各个国家和地区要设定贸易收支波动的占比上限,此后一国的经常项目收支波动应该占其GDP的比重的上限是4%还是5%,成为国内外政界和学术界争议的焦点之一(陈建奇,2011)。第二,在全球经济再平衡协调与治理进程中,如何对待一国的本币汇率变动,成为又一个学术界争议的焦点(Groenewold等,2007;黄明皓,2010;王道平等,2011)。第三,G20在全球经济再平衡协调与治理中应该发挥什么作用,如何进行协调与治理,成为大家关注的重点问题之一。自2008年的全球金融危机和2009年的欧洲债务危机爆发,美国和欧盟地区的国家都将以"金砖五国"为代表的发展中国家,视为全球经济再平衡协调与治理的重要新兴力量,加强了发达国家和发展中国家的全球经济再平衡的协调与治理,使G20在全球经济再平衡协调与治理中的作用不断增强,G20系列会议开始从全球金融危机的应急协调机制转变为全球经济再平衡的主要协调平台和重要路径选择(孙丽丽,2010),中国应该如何利用 G20 治理平台,提升自身在全球经济再平衡协调与治理中的重要作用和实际获益,增加在全球治理中的话语权,被作为国内学术界的重点研究内容(黄薇等,2012;方晋,2010)。第四,关注全球经济再平衡协调与治理的策略选择。全球经济再平衡协调与治理中如何更进一步提升发展中国家的地位和作用,在发达国家和发展中国家之间合理地进行再平衡的角色分配,成为全球经济再平衡协调与治理的研究重点(王国刚,2010;雷达等,2010),世界主要的发达国家和发展中国家的许多研究,从汇率、储蓄、放松出口管制及调整国际分工等视角,提出了相应的对策建议,但由于各自所处地位的不同,尚没有形成一致的观点和结论。

(二)全球经济再平衡中的贸易渠道

从贸易渠道的视角研究如何调整一国外部贸易收支的波动,是目前国内外学术界研究全球经济再平衡协调与治理的主要视角和方式。从目前已有的研究看,全球经济再平衡的贸易渠道包括人民币汇率调节和国内外需求调节等三种方式。首先,在已有的国际收支调节理论研究中,基于弹性分析论的国际收支调节方法理论,已经明确指出汇率与国际收支再平衡的调节间存在一定的内在关系。但对二者之间关系的影响性质,国内外学术界研究并没有形成统一的定论(Rose 和 Yellen, 1989; Bahmani-Oskooee, 1998)。而在中国贸易收支波动持续扩大的背景下,国内学术界也对人民币汇率和中国对外贸易收支波动之间的关系进行了大量研究(卢向前和戴国强,2005;叶永刚等,2006),但二者关系的性质也存在计量结果上的较大争议,未形成统一的定论。其次,许多学者从可以直接影响本国出口的国外需求(Sabine,2006;陈学彬等,2010),以及影响本国进口的国内需求入手(Tharakan 等,2005;宋玲,2010),研究了国内外需求对本国外部贸易收支波动的影响性质及调节重点。

　　目前,国内外相关研究从汇率渠道与内外需求渠道,研究如何调节一国贸易收支的波动取得了许多研究成果,但相关研究仍然可以进一步拓展:第一,已有文献主要是从一国的整体贸易数额和贸易差额作为主要研究对象,缺少将贸易规模按方式和种类进行进一步细分,例如,没有根据一国的对外贸易方式将其划分为加工贸易和一般贸易,分别探讨不同类型的贸易调整渠道对一国加工贸易收支波动和一般贸易收支波动的影响效果,尤其是没有研究和区分本币汇率的波动和一国内、外部需求的变动对不同方式的贸易收支波动的影响是否存在不同。第二,在中国外部贸易收支波动的协调与治理问题上,也较少研究其结构特点和具体影响及差异,相关研究更多集中在 2008 年全球金融危机之前的中国贸易收支波动的协调与治理,2008 年之后国际金融形势的改变以及全球治理模式的可能变动,对中国外部贸易收支波动的协调与治理的影响及其对加工贸易收支波动和一般贸易收支波动影响的差异性比较,也较少进行归纳总结和实证研究。第三,从贸易渠道的短期和中长期影响效应的角度,缺乏系统比较和实证研究,而且更多的实证研究是集中在年度样本数据基础上的研究,较少从月度样本数据等视角更细致地对中国贸易收支的变动及其影响因素,进行深入探讨和实证检验。

(三)全球经济再平衡中的金融渠道

传统的国际经济学理论在继承西方英美体系的宏观经济学的基础上,认为一国的贸易逆差不利于其经济发展和国家利益,一国应主要通过贸易渠道调整其经常项目逆差,平衡外部经济,而对金融和资本项目收支的平衡问题关注偏少。在经常项目领域的研究中,相关研究主要通过经常账户的跨期分析,探讨一国经常项目收支的调整机理(Obstfeld,1982;Svensson,1983)。然而20世纪80年代后,随着金融全球化进程加快及资本跨境流动日益频繁,国家间交叉持有庞大的外部资产和负债,成为一国的国际收支账户中的常态:以中美两国各自的国际收支波动为例,美国累积了巨额经常项目赤字,利用发达的金融市场吸引外资,实现外部资本净流入;中国则利用贸易盈余额获得巨额外汇储备,对外投资美国政府国债获得美元资产。在这一国际资本双向流动的格局中,美国的外部净资产头寸不断改善,产生"暗物质"收益效应(Hausman等,2007),使其总体的国际收支并非如贸易逆差显示那样是逆差。越来越多的学者也因此开始关注金融发展因素在一国外部贸易收支调整中的重要作用(Blanchard等,2005;Blanchard等,2012)。奥伯斯特菲尔德等(Obstfeld等,1995)较早将资本和金融账户纳入跨期预算约束模型,提出开放经济条件下的经常项目政策分析模型,发现一国可通过调节其对外资产和负债,应对国内收入、储蓄和投资的短期波动的影响,这为一国可以通过金融渠道调节外部贸易收支的大幅波动提供了理论依据。布金等(Bergin等,2000)通过包含汇率和利率因素的经常账户跨期分析模型,强调了两类金融因素在一国外部贸易收支调整中的重要作用。提勒

（Tille，2005）提出美元贬值为美国带来巨额资本利得，改善了其国际收支，但这一过程以其他国家承担调整成本为代价。菲里帕等（Filipa 等，2013）发现美国在国际收支调节中获得了"超级特权"，即其外部资产收益大于外部负债带给他国的实际资本利得，而其显著地受到外国投资者资产偏好变化的金融渠道影响，这间接指出金融领域的影响及调整渠道的重要性正日益提升。

在初步发现金融渠道调节的重要性的基础上，许多学者开始关注估值效应在国际收支波动的金融调整中的重要影响。古瑞切斯等（Gourinchas 等，2007）发现美国的国际收支波动中存在显著的正向估值效应（Valuation Effect），即汇率、利率和投资收益率的变化会引起美国外部净资产头寸正向变动，从而对国际收支波动产生正影响，可有效改善一国的国际收支项目。此后以估值效应影响国际收支波动为核心的金融调整渠道理论日益受到关注。雷恩等（Lane 等，2007）在建立包含 145 个国家和地区 1970—2007 年外部资产头寸的 EWN Ⅱ 数据库基础上，测算了各国的估值效应及其影响，并发现美元实际汇率短期波动产生的估值效应，即美元贬值通过降低美国对外净负债和增加外币资产值，显著改善了美国的外部贸易收支。古瑞切斯等（Gourinchas 等，2007）又在探讨美国国际收支调整的研究中，通过构建跨期优化模型，利用 1952—2004 年美国外部资产和负债季度数据，发现约 27% 的美国周期性国际收支调节源于金融渠道的外部净资产价格波动的影响。而 2008 年全球金融危机的爆发，使资产价格波动和汇率波动等金融渠道对一国国际收支波动的影响变得日益突出，金融渠道影响贸易收支调节的研究更加为国内外学术界所关注。古瑞切斯等（Gourinchas 等，2013）发现，随着国家间相互持有庞大的金融资产,全球金融危机的影响会由于"风险共担"（Risk Sharing）进行传递,各国的外部证券组合结构会影响对外投资净收益,进而影响国际收支调整。雷恩等（Lane 等,2014）发现金融危机后全球经常账户收支的波动幅度显著收窄,但全球股权和债权头寸波动却进一步扩大,这说明在金融危机影响下,全球金融领域的波动及其调整的影响正逐步提升。从目前研究看,国外学者主要遵循外部净资产收益波动和汇率波动两条金融渠道分别研究其对一国国际收支波动及其调整的影响。雷恩等（Lane 等,2010）将金融渠道分为金融账户和投资收益账户,进而将估值效应调整国际收支波动的方式分解为汇率和资产价格变动的作用,并发现金融渠道在新兴市场的国际收支波动的调整中发挥着关键作用。古瑞切斯等（Gourinchas 等,2012）发现,各国持有资产支持抵押证券与美国国债在其外部证券投资组合中的权重比例,及美元短缺程度,会影响其外部资产损益,导致其估值效应产生变动。科库诺等（Curcuru 等,2013）发现,由于各国金融市场的税负体系、风险水平与企业成熟度存在差异,导致美国对外直接投资年均收益率比外国在美国直接投资的年均收益率高出 5.6%,进而使美国净外部资产存在 1.9% 的超额收益。弗卡索等（Fracasso 等,2009）发现,国家层次上的汇率变量具有异质性影响,只有实施汇率调整上的政策协调才可能实现全球经济再平衡。贝尼瑞克斯等（Benetrix 等,2015）则强调金融危机期间货币市场的动荡引致了庞大的估值效应,即给定的汇率变动会产生显著的跨境财富转移。而在研究金融渠道构成的同时,国外学者发现由外部净资产价格波动与汇率波动构成的金融渠道对一国国际收支波动的调整存在短期和长期效应上的差异。古瑞切斯等（Gourinchas 等,2007）发现金融调整渠道对一国国际收支波动的影响是从短期向长期发散的,在短期内,外部资产账户的收益率波动影响在所有调整因素中占据主导地位,而在长期情况下,外部资产收益率的波动对调整国际收支的解释力会变得非常微弱,此时汇率渠道调整发挥着更重要的作用。纽妍(Nguyen,2010)提出,估值效应对一国国际收支波动的调整的影响取决于其受到的潜在外部冲击的性质:暂时性冲击对估值效应的影响稳定,且它减缓了经常账户波动对一国国际收支波动的影响;趋势性冲击则使估值效应与一国经常账户波动同向移动,加剧了一国的国际收支波动。

随着金融渠道对一国国际收支波动的调节影响的相关研究的深入,国外学者开始研究不同经济体金融发展的异质性对一国出口(包群等,2008;齐俊妍等,2011)和国际收支波动的影响(Kojo等,2014)。鞠建东等(Ju等,2014)发现出于自身金融市场不健全考虑,新兴市场国家金融资本会倾向流入有更高效率的发达国家市场,加剧其国际收支的波动。钦尼等(Chinn等,2007)强调金融发展水平的深入或不足,可能是持续扩大的全球经常账户不平衡的重要原因,如美国资本市场的深度和复杂吸引了资本从相对不发达的东亚金融市场流入,加剧全球经济不平衡。卡布诺等(Caballero等,2008)也发现新兴市场金融体系相对不发达,使本国投资者增加了对美国等金融市场发达的经济体的投资,以缓解美国等逆差方的外部贸易不平衡。古瑞切斯等(Gourinchas等,2010)则强调了异质性国内金融系统在全球经济再平衡协调与治理中的重要性,认为基于风险的金融市场异质性会加剧一国的国际收支波动。格鲁伯等(Gruber等,2009)提出,金融发展水平差异可通过两条途径影响一国的国际收支波动:一是先进的金融体系和更有吸引力的金融资产,驱使资本由发展中国家流向金融发展水平较高的工业化国家;二是一国(如美国)金融市场在深度、广度和安全性上的表现远超其他国家,吸引更多资本净流入。门多萨等(Mendoza 等,2007)通过建立存在金融发展异质性的两国模型,发现提供"状态依存证券"的能力不同会使二者规避禀赋风险和投资风险的能力出现差异,进而扩大两国间的国际收支不平衡。基诺尼等(Ghironi 等,2007)通过基于两个国家的动态随机一般均衡模型,认为一国估值效应对国际收支波动的调整的影响,取决于其形成国际收支波动的冲击性质及传导机制的特性。詹姆尔等(Jamel 等,2015)则发现金融开放度在各国经常账户损益中扮演了重要角色,金融开放对工业化国家的经常账户调整有正面作用;对新兴国家和地区的经常账户调整则是产生负面影响。

21世纪初以来,国内学者也开始关注金融渠道对中国外部的国际收支波动治理的影响,研究以汇率和资产价格波动引发的估值效应渠道对国际收支波动和调节的影响。范小云等(2011)系统地梳理了国际收支调整路径从贸易渠道转变到金融渠道的理论过程,强调后者在当今全球经济再平衡协调与治理中的适应性和代表性。宋效军等(2006)对中国的国际收支波动调节中的估值效应性质进行了实证检验,验证了负估值效应在中国的国际收支波动中的影响存在。廖泽芳等(2012)也发现中国净外部资产中存在显著的负估值效应,而人民币汇率变量是其主要影响因素。贺力平等(2011)在提出测算一国估值效应规模三种方法(间接推导法、直接推算法和解析法)的基础上,探讨了估值效应对中国外部资产净值和投资收益的影响。王博等(2013)则发现金融渠道或估值效应对中国的国际收支的负面影响正逐渐扩大。针对负估值效应,程希等(2014)认为新兴的市场经济国家应通过对其外部净资产的投资组合和币种配置,管理估值效应波动的风险。而肖立晟等(2013)通过估算1998—2011年中国基于市场价值的国际投资头寸表的数据,发现中国的国际收支存在显著的估值效应损失。

从国内外现有研究看,学术界已开始关注金融渠道对一国经常项目波动的调节作用。但仍存在三点不足:第一,现有研究对中国的国际收支波动主要基于经常项目进行评估,忽略了金融领域收支波动及其调节的研究。尤其是中国直到2006年才公布国际投资头寸数据,相关数据偏少使其对金融调整渠道的研究相比贸易渠道缺乏,并较少对金融渠道和贸易渠道的调节国际收支效用进行跨国比较。第二,现有对金融调整渠道的研究主要针对一国国际收支波动的长期趋势展开,或者就金融渠道对一国国际收支调整的影响进行研究时,不区分长短期效应。然而金融资产的实际特征和交易现状显示:金融渠道调整几乎不受物理和地理条件限制,其对国际收支波动的影响也趋于短期性,因此研究金融渠道对一国国际收支短期波动调节的有效性相对有意义。第三,现有研究较少在金融渠道对一国国际收支调节效用的影响上进行国别比较,且对不同国家金融渠道调整一国的贸易收支和金融收支的效用存在差异的原因研究相对偏少。

第二章　中国参与全球经济再平衡协调与
治理研究的理论基础

　　国际收支不平衡的调整一直是国内外学术界关注的理论焦点之一,从国际收支调整的内容看,其主要分为以贸易收支调整为核心的经常项目收支调整,以及以资本和金融收支调整为核心的金融项目收支调整。而最早的理论是从贸易收支的研究开始的。从最早的重商主义贸易理论开始,贸易顺差能够使顺差方财富增加、逆差方财富减少的发展理念深入人心。在面对贸易竞争实力较强的一方时,较弱的一方通常需要采取贸易政策,实现对外贸易顺差,防止贸易逆差扩大。然而,为了实现这一政策目标,仅靠单纯的自由贸易政策通常难以实现。以加强政府宏观调控为目标,通过政府干预和政策保护,影响一国对外贸易的保护主义贸易政策,成为西方发达国家保护国内产业和调整外部贸易的主要选择。限制进口以保护国内刚刚发展起来的工业的保护幼稚产业理论、主张市场失灵时加强政府宏观调控的凯恩斯主义保护贸易理论,以及为国内高技术产业出口服务的战略性贸易理论,都是为什么要实现一国贸易再平衡协调与治理的早期理论基础。

第一节　国际收支调整的贸易渠道理论

自资本主义生产方式建立之后,西方主流的宏观经济学理论都比较关注国际收支理论的构建,较有影响力的凯恩斯主义经济学派和货币主义学派都通过构建自己的国际收支理论模型,研究一国国际收支波动的影响因素。而对一国国际收支波动如何平衡,存在自由主义和干预主义的两类观点:其一,强调国际收支波动的自发调整的"价格—铸币流动机制"理论。这一理论认为市场的自发调节机制可以实现国际收支的内在自发调整和最终平衡。其二,强调国际收支波动的政府干预性调整理论。在这一领域的理论分别包括国际收支调节的吸收分析论、弹性分析论和货币分析论(刘威,2009),这三类以调节国际收支波动的方法论为基础的理论都认为国际收支的波动无法自发调节至均衡,需要通过政府宏观调控政策,促进一国国际收支再平衡。在这三类理论的具体市场实践中,更多国家认可政府干预或宏观调控在国际收支波动的调节中的关键作用。而在这些传统的国际收支波动的调节理论中,学术界最初关注的国际收支波动更多集中于以贸易收支波动为核心的经常项目收支波动,更多前期研究使用的是国际收支的跨期模型分析方法(Ju 等,2007;张建清等,2008)。因此,较早的理论均认为一国调整国际收支波动的渠道选择应更多集中于贸易领域的渠道。根据对已有国内外文献的理论归纳,目前国际收支波动的治理的贸易渠道主要有三类:汇率调整、本国的国内需求与外国的市场需求。

一、不同贸易渠道影响一国贸易收支波动治理的理论机理

(一)汇率影响一国贸易收支波动治理的渠道理论机制

西方宏观经济学中的"马歇尔—勒纳"条件明确证明了本币汇率波动对一国国际收支波动的影响存在,而对这一条件的详细理论研究主要存在于国际收支的弹性分析理论,该理论明确提出:如果一国的商品的进口需求—价格弹性和出口需求—价格弹性之和大于1,一国本币贬值会通过作用其与外国商品间的相对价格变动,增加出口,减少进口,扩大贸易顺差;反之,一国本币的升值会使本国商品相对价格上涨,抑制出口,扩大进口,导致贸易逆差扩大。这一理论是建立在不同国家商品的相对市场价格基础上,得到的一般性影响结论。

(二)内、外市场需求影响一国贸易收支波动治理的渠道理论机制

国际收支调节理论中的吸收分析理论,就是从不同国家的市场需求差异视角,探讨市场需求对贸易收支波动的影响,该理论曾经对一国内、外市场需求影响国际收支调节的机制进行了一定阐述:当一国的国内吸收能力偏低,生产出来的商品在国内市场更难卖出去,将使得其寻找国外市场需求,导致该国的净出口增加,外部贸易收支得以改善;反之,当其国内吸收能力较强,在满足国内需求的同时会增加对外市场需求,会扩大进口,导致贸易逆差扩大。所以,在一国出现贸易逆差的时候,其可以利用降低国内需求减少贸易逆差;反之,可以利用增加内需,扩大对外需求,平衡一国日益扩大的贸易顺差。

二、国际收支调节的贸易渠道影响模型

为了反映一国本币汇率和内、外需求对贸易收支波动的治理的渠道效应,需要设计相应的模型反映其内在关系。罗斯和耶尔(Rose 和 Yellen,1989)曾经提出经典的两国理论模型,分析国际贸易与内、外需求的相互关系。本书在其提出的两国理论模型的基础上,假设国家间的贸易商品无法全部代替本国生产的国内商品,本国需要通过对外贸易弥补国内市场需求的不足(刘威等,2015)。具体而言,在该模型中,假定全球有两个国家:本国和世界其他国家,本国的进口贸易额与其进口商品和国内商品的相对价格及收入有函数关系,本国出口贸易额与世界出口商品和世界商品相对价格及收入有函数关系。在该假定的基础上,可以设计本国与世界其他国家的进出口贸易的决定因素模型。

$$\ln M_c = \alpha_0 + \alpha_1 \ln Y_c + \alpha_2 \ln r \qquad (2.1)$$

$$\ln X_c = \beta_0 + \beta_1 \ln Y_w + \beta_2 \ln r \qquad (2.2)$$

其中,M_c 代表本国的对外进口贸易额,X_c 代表本国的对外出口贸易额,Y_c 和 Y_w 代表本国与世界其他国家各自的国民收入总额,按照已有文献的传统做法,二者可以被定义为本国的内部需求和外部需求的代理变量;r 代表本国货币的实际有效汇率,用 $r = e \dfrac{p_w}{p_c}$ 表示。接下来,按照叶永刚等(2006)的设计方法,对变量取自然对数并进行线性估计,得到影响一国进出口贸易收支的影响因素的模型。

$$\ln TB = \gamma_0 + \gamma_1 \ln Y_c + \gamma_2 \ln Y_w + \gamma_3 \ln r \qquad (2.3)$$

在式(2.3)中,TB 是一国的出口值/进口值,其数值的增加代表一国的出口额相对进口额在增加,说明该国的贸易收支正向顺

差的方向变化;反之,则向贸易逆差的方向恶化。由于各个变量均取了对数,因此,该方程的变量结果中的系数主要是指一国的本币汇率与收入对一国贸易差额的弹性影响。按照先验理论的假设安排,我们可以设定各个变量的影响系数:$\gamma_1 < 0, \gamma_2 > 0, \gamma_3 < 0$。

按照上述系数的预测设定,可以从理论上预测本国的国民收入增加会使其对外贸易逆差扩大,世界国民收入增加或本币贬值则会使本国的对外贸易逆差减少。

第二节　国际收支调整的金融渠道理论

一、金融调节渠道的理论假设

在对一国国际收支波动调节问题的研究中,随着近年来经济全球化和全球金融一体化进程的不断加快,国际投资以及金融资产的跨国交易规模日益扩大,国内外学术界越来越注重从资本和金融账户的角度研究一国国际收支波动的形成与调节,将贸易渠道调节拓展到金融渠道调节。传统的国际经济学理论认为:一国国际收支波动主要集中在以贸易收支波动为核心的经常项目收支波动,因此,其调节应该主要通过贸易渠道,国内外学者们一般以经常账户的跨期分析,来研究国际收支波动及其调整机理。奥伯斯特费尔德等(Obstfeld 等,1995)将资本和金融账户纳入跨期预算约束模型,提供了开放经济学的政策分析模型:$CA_t = NFA_{t+1} - NFA_t = Y_t - C_t - I_t - G_t$,该式表明一国可以通过调节其对外资产和负债来应对国内收入、储蓄和投资的短期波动,而该方程式成为一国治理国际收支波动的金融调节渠道的重要理论来源和宏观经济学基础。

为了衡量国际收支调节中的金融渠道影响,并从理论视角比较金融渠道和贸易渠道的调节影响差异,本书将以古瑞切斯和雷尔(Gourinchas 和 Rey,2007)提出的分析框架和研究方法,构建能够衡量包括国外净资产和进出口贸易波动的一国外部收支波动评价指标,评估金融渠道和贸易渠道对一国国际收支调整的影响差异。需要说明的是:在建立这一综合评价指标的过程中,考虑到一国的国际收支长期调整主要源于其国内经济和贸易结构变化及其带来的国际分工地位改善,这一调整时间较长且难以实现;而以国外净资产调节为基础的金融渠道主要通过跨境金融资产的买卖实现,交易速度远快于以货物贸易调节为内容的贸易渠道,调整期限相对较短,相关变量变化更多表现为短期波动,因此在这一国际收支波动的综合评价指标构建中,我们将变量的长期趋势项影响剔除,以更好地反映金融和贸易调整渠道对一国国际收支的周期性波动影响。基于这一点,本部分的理论模型的前提假设是:被研究的目标经济体在长期情况下呈均衡变化趋势,在短期情况下其会出现非均衡波动,即指一国的贸易收支和金融收支指标会围绕其自身长期趋势的短期波动和恢复性调整。同时,根据古瑞切斯和雷尔(Gourinchas 和 Rey,2007)提出的分析框架,考虑到贸易渠道以进出口贸易影响为主,单方面转移项目的数额偏小可忽略不计;以及对一国国际收支短期波动影响的金融渠道主要源于其外部净资产价格的波动,而汇率渠道主要是对一国国际收支长期波动趋势产生影响(刘威等,2017)。本书的内容继续在理论模型设计中进行以下的概念界定:一国国际收支调整渠道包括贸易渠道和金融渠道,其中,贸易渠道的波动仅来自净出口调节,即出口减去进口的值,记为 ca ;金融渠道的波动仅来自外部净资产收益率的调节,即对外资产的收益率减去对外负债的收益率的值变动,记为 f_t ;将贸易渠道和金融渠道的波动效应之和界定为一国综合的贸易收支和金融收支领域的整体波动,记为 fca 。

二、金融渠道影响一国国际收支波动的理论构建

基于以上的假设前提,首先建立可以表示一国的外部净资产的跨期预算约束方程式: $NFA_{t+1} = R_{t+1}(NFA_t + NX_t)$,即:

$$A_{t+1} - L_{t+1} = R_{t+1}(A_t - L_t + X_t - M_t) \tag{2.4}$$

在该方程中, NFA 表示一国的外部净资产值, R 表示某一特定时期的投资收益率, NX 表示一国的净出口, A 、 L 、 X 和 M 分别表示一国的对外资产值、负债值、出口值和进口值。针对该方程,考虑到不同经济体的绝对经济规模差别较大,而不同规模的经济体,其国外净资产绝对数额产生的影响效应是不同的,即变量的绝对数额难以真实反映和比较各经济体的国际收支波动程度,因此本节用财富(GDP)对上式的各个变量进行了标准化,使其具有可比性,得到以下的方程式。

$$a_{t+1} - l_{t+1} = \frac{R_{t+1}}{g_{t+1}}(a_t - l_t + x_t - m_t) \tag{2.5}$$

在上式中, a 、 l 、 x 、 m 分别表示一国的资产值、负债值、出口值和进口值相比其 GDP 值的比值, g 表示一国的财富收益增长率,同时由于我们考察的是各变量的短期波动程度,认为各变量总是在长期均衡路径的附近上下波动,即各变量相对其长期趋势偏离程度相对很小,因此假设一国经济达到了均衡状态,我们可以将各变量的长期趋势项分离出来单列成式。得到以下方程式。

$$\bar{a}_{t+1} - \bar{l}_{t+1} = \frac{\bar{R}_{t+1}}{\bar{g}_{t+1}}(\bar{a}_t - \bar{l}_t + \bar{x}_t - \bar{m}_t) \qquad (2.6)$$

在上式中,各个变量的上划线表示该变量的时间趋势项。基于上述方程式,进一步提出以下两个假定,并以其为基础构造从金融渠道和贸易渠道影响一国国际收支短期波动的理论模型。

假定1:构造衡量一国经常项目波动和金融项目波动的变量。在各个变量连续增长的情况下(即各个变量的增长周期无限小),可以假定:$\varepsilon_t^z = \ln \frac{z_t}{\bar{z}_t}$,$z_t \in \{a_t, l_t, x_t, m_t\}$,$\varepsilon_{t+1}^R = \ln \frac{R_{t+1}}{\bar{R}_{t+1}}$,$\varepsilon_{t+1}^g = \ln \frac{g_{t+1}}{\bar{g}_{t+1}}$。

上述四个指标均表示其对应变量对其长期趋势的偏离程度。由于我们考察的是各变量的短期波动程度,因此认为各变量总是在均衡路径的附近上下波动,偏离程度相对很小,即 ε_t^z、ε_{t+1}^g、ε_{t+1}^R 的值均远小于 1。在此假定基础上,可以构造衡量贸易渠道波动的变量 ca_t 和衡量金融渠道波动的变量 f_t。

$$ca_t = \mu_t^x \varepsilon_t^x - \mu_t^m \varepsilon_t^m = \frac{\bar{x}_t}{\bar{x}_t - \bar{m}_t}\varepsilon_t^x - \frac{\bar{m}_t}{\bar{x}_t - \bar{m}_t}\varepsilon_t^m \qquad (2.7)$$

$$f_t = \mu_t^a \varepsilon_t^a - \mu_t^l \varepsilon_t^l = \frac{\bar{a}_t}{\bar{a}_t - \bar{l}_t}\varepsilon_t^a - \frac{\bar{a}_t}{\bar{a}_t - \bar{l}_t}\varepsilon_t^l \qquad (2.8)$$

式(2.7)和式(2.8)中,μ 表示各变量在 t 时期对应的影响权重,变量 ca_t 衡量的是一国贸易渠道(主要为进出口额)的波动程度,f_t 衡量的是一国金融渠道(净资产收益)的波动程度。同时,由前文的一国综合外部贸易收支和金融收支波动源于 ca_t 和 f_t 的共同影响的假设,得到:

$$fca_t = |\mu^a| \varepsilon_t^a - |\mu^l| \varepsilon_t^l + |\mu^x| \varepsilon_t^x - |\mu^m| \varepsilon_t^m \qquad (2.9)$$

此外,将上述两个条件式(ca_t 和 f_t)重新代入跨期预算约束

方程式(2.6),可得到:

$$f_{t+1} = \varepsilon_{t+1}^R + \frac{1}{\rho_t} f_t - \left(\frac{1}{\rho_t} - 1\right) ca_t - \varepsilon_{t+1}^g \qquad (2.10)$$

其中,$\rho_t = \dfrac{\bar{a}_t - \bar{l}_t + \bar{x}_t - \bar{m}_t}{\bar{a}_t - \bar{l}_t}$。

假定2:假定经济处于均衡增长的路径,此时资产和负债、进口和出口的比重基本恒定,即上述两组变量的趋势项在同一时刻具有相同增长率,则 $\mu_t^z = \mu^z$。令 $\mu^a > 0$,$\mu^x < 0$,则 $\mu^l > 0$,$\mu^m < 0$。

在假定1和假定2同时成立的情况下,得到 $fca_t = f_t - ca_t$。将式(2.10)代入 fca_{t+1} 的公式,可得:

$$fca_{t+1} = f_{t+1} - ca_{t+1} = \frac{1}{\rho_t} fca_t + \varepsilon_{t+1}^R - \varepsilon_{t+1}^g + ca_t - ca_{t+1} \quad (2.11)$$

由于假定2中 $\mu^x < 0$、$\mu^m < 0$,对于任意的 μ^z 值,可以在式(2.11)基础上,归纳 $t+1$ 期的一国综合国际收支波动变量。

$$fca_{t+1} = f_{t+1} - ca_{t+1} = \frac{1}{\rho_t} fca_t + r_{t+1} - \varepsilon_{t+1}^g + \Delta ca_{t+1} \qquad (2.12)$$

其中 $r_{t+1} = \dfrac{\mu^a}{|\mu^a|} \varepsilon_{t+1}^R$,$\rho_t = \dfrac{\bar{a}_t - \bar{l}_t + \bar{x}_t - \bar{m}_t}{\bar{a}_t - \bar{l}_t}$。

式(2.9)与式(2.12)是本书需要用到的理论方程式,二者的理论含义是一致的,即都是用来表示一国综合的国际收支波动来自进出口波动(贸易渠道影响)和外部净资产收益率波动(金融渠道影响),只是式(2.12)表示各具体变量对综合的国际收支(fca)波动的理论影响机制,它揭示了一国综合的国际收支(fca)波动与其经常项目短期波动、资本项目短期波动及其前一期的国际收支波动的理论关系,方程式左边的综合国际收支波动变量值fca为正,表示该国外部收支向顺差方向波动,反之则向逆差方向波动,其数值越大,代表其外部收支的周期性波动幅度越大。由于该方程综合考察了以经常项目波动为核心的贸易渠道和以外部净资产收益率波动为核心的金融渠道对一国国际收支短期波动的影响,因此它可以反映金融渠道和贸易渠道对一国外部收支的短期波动的理论影响及作用机制,式(2.12)也因此被作为一国外部收支的短期波动影响因素分析的理论基础,成为后文第四章进行方差分解的理论来源,以及第四章面板门限回归方程的构建依据。而式(2.9)仅被用来计算一国综合的国际收支短期波动变量(fca)的具体数值。

三、金融异质性可能影响金融渠道调节国际收支的理论解析

上述理论模型虽然验证了金融渠道对一国国际收支的波动存在理论上的影响,但是传统的国际金融理论发现:一般而言,一国外部净资产头寸变化受到本国的金融市场发展水平、结构特点、金融深化和金融开放度等条件的制约,而这些因素无疑也会反过来作用于一国外部净资产头寸收益率,使金融渠道影响一国国际收支波动的效用发生改变,进而影响一国国际收支的整体波动。

目前,国内外学术界对金融异质性或金融发展差异对一国国际收支波动的影响的研究,更多集中于其对一国经常项目收支波动的影响(Gruber 等,2009;Mendoza 等,2007),而金融异质性对金融渠道调整一国国际收支效用的影响研究还相对偏少。归纳金融异质性的现有理论研究及中国的国际收支短期波动的经验事实,本节认为金融异质性可以通过三条路径,影响金融渠道调节一国

国际收支波动的效用。

第一,金融异质性会通过影响各国对投资和储蓄的偏好差异,使其外部的净资本流入速度出现不同,影响金融渠道调节该国的国际收支波动的最终效用。据格鲁伯等(Gruber 等,2009)的研究,金融发展水平高的国家通常具有高效的国内金融体系,倾向鼓励投资流入和抑制银行储蓄增长,能够吸引更多外部资本进入,从而改善其外部收支的波动。同时,由于金融发展水平高的国家的银行储蓄率偏低,使其倾向于将大量流入资本对外投资,以获得外部国家和地区的高收益,从而进一步改善该国外部贸易收支及其带来的利益损失。反之,金融发展水平低的国家的金融体系会因为过于依赖国内的银行储蓄,限制内外投资,使其整体的国际收支难以通过金融渠道产生改善效用。

第二,金融异质性会通过各国金融市场的风险水平和法律保护程度的差异,影响金融渠道调整一国国际收支的最终效用。金融发展水平高的国家,通常拥有健全的针对投资保护的支持性法律制度、完善的投资保护制度,使其更容易以低成本吸引外来资本,再将其投资在国外高收益资产,从而通过内外资产收益率差带来的外部资产收益的净增加这一金融渠道,改善该国的国际收支。如美国就是凭借其完善的投资保护制度,使其国家主权信用评级始终为良好;在良好国家信用基础上,美国以低成本的政府债券获得外部资本的净流入,再对外投资高收益的证券资产,获得资本净流入。而金融发展水平低的国家,有关投资保护的法律制度还不完善,难以吸引外来资本,以及进行对外投资获得净收益的流入。

第三,金融异质性会通过金融市场上投资主体的差异,影响对外投资的资产选择和投资成本,使金融渠道调节效用出现差异。

金融发展水平高的国家的对外投资主体通常是成熟的大型跨国企业,对外投资时承担风险的能力更强,更倾向于风险系数高的股权和债权投资,即表现为其权益类资产组合的净流出,由于外部的证券类资产收益率相比国内更高,使其投资收益率提升;同时成熟的跨国企业对外投资的平均支出相比初创企业更低,有助于进一步提升投资净收益。而金融发展水平低的国家,对外投资主体相对更为年轻,投资成本较高,投资收益率偏低,外部资本流入偏少,从而影响金融渠道调整该国整体的国际收支波动的效用。

第三节　与国际收支及其调整相关的其他理论

一、国际收支中的利益分配理论

一国需要调节其对外贸易收支的原因,除了其规模过大可能会不利于顺差方和逆差方之间的贸易可持续扩大外,更多是因为贸易收支波动中的利益分配导致。因此,长期以来国家间的贸易利益测度和分配,成为国内外学术界研究的重点之一。目前,国内外学术界在贸易收支波动中的利益分配及其成因的理论研究上,根据研究时间的前后大致形成了四类核心的贸易利益分配理论。

第一,以进出口贸易的绝对数额衡量贸易收支中的实际收益的传统理论。无论是大卫·李嘉图的比较优势理论还是此后的重商主义学派贸易理论,都暗含了一类衡量贸易收益的评估方法,即以一国出口大于进口的净值视为一国对外贸易的净收益;而以一国出口小于进口的净值视为一国对外贸易的净损失。而随后出现的以进出口贸易中的生产者剩余和消费者剩余之和,作为衡量一国贸易中的实际收益的方法(林玲等,2008),实质也是建立在这种贸易利益衡量方法基础上的一类理论。

第二,以贸易条件是否改善衡量一国贸易收益的相关理论。以是否获得贸易顺差为依据的贸易利益理论,被认为只考虑贸易中的数额因素的影响,忽略了一国进出口贸易产品的单位价格差异带来的利益分配不同的问题。而随着20世纪50年代的发展中国家贸易条件恶化理论的提出,人们发现虽然发展中国家在与发达国家的贸易扩大中实现了贸易顺差,但单位产品的出口价格水平远低于发达国家单位产品出口价格水平,实际获得的单位产品的附加值收益相对偏少,导致在发展中国家和发达国家间出现单位收益的不平衡,并使发展中国家需要用更多的国内资源和出口商品兑换发达国家的同价值的出口商品,导致发展中国家出现不平等交换和贫困化增长的问题,以贸易条件为基础的收入分配理论一定程度上揭示了国际贸易中存在的内在利益分配不平衡问题,这是其重要的理论贡献。但其也存在一定的不足,即该理论难以合理评估国家之间在贸易收支扩大过程中,金融市场和资本流动发展差异带来的利益分配不平衡的问题,更多时候该理论仍是分析一国贸易领域的单位产品的利益分配问题,但相比传统的"贸易顺差即得益"的理论,其相对更前进了一步,能够更深层次地揭示和解释国家间贸易收支扩大中的实际利益分配不均衡的问题。

第三,以国家间的垂直型分工为基础的附加值贸易利益评估方法和理论。上述基于贸易差额和贸易条件的两类贸易利益评估方法,忽略了国家间的中间产品贸易和最终产品贸易,可能产生的一国的实际贸易收益被重复计算的问题。自20世纪60年代巴拉萨(Balassa,1967)提出垂直专业化的理论,许多学者围绕垂直专业化问题研究国家间的分工特点(Hummels 等,2001),以及其对贸易利益分配影响的理论机制(宋玉华等,2008)。尤其是 20 世纪 80 年代初以来,在跨国公司对外直接投资和全球生产网络构建的过程中,基于同一类产品不同生产环节的产品内分工及全球价值链的形成,使国际贸易中的实际获益主体并非如进出口贸易表面显示的那样,可以明确地计算出来,越来越多的研究发现贸易差额收益统计和贸易条件的收益核算理论,已经难以真实衡量基于全球产品内分工视角下的创新方、中间方和最终出口方的实际贸易利益分配情况(孙文涛等,2002;陈继勇等,2006)。基于贸易附加值的国家间的收益分配理论开始出现(Leamer,1996;Arndt,1997;曾铮等,2008),而部分学者也开始使用国家的投入产出表,衡量各贸易方的实际贸易附加值,最终评估一国在全球生产网络中的实际获益(Koopman 等,2012)。在国家间的产品内贸易中,以产品出口中的实际收益附加值作为衡量各国实际贸易利得的主要依据,并发现国家间的垂直分工带来的产品附加值收益正在逐步改变着国家间的实际收益分配。

第四,从各方实际出口商品的技术含量等微观企业视角,评估贸易各方之间的实际收益分配。20 世纪 90 年代以来,在全球知识经济发展浪潮的影响下,高技术贸易在全球制成品贸易中的重要性日益提升,许多研究发现不同国家出口产品的技术含量差异会影响其实际贸易利益所得,并开始利用一国的出口产品的技术含量来衡量各方的贸易利益分配(Rodrik,2007;Hausmann 等,2007)。该理论可以一定程度解释国家间技术差异对各方实际贸易利益的影响,进而成为附加值贸易利益分配理论的重要补充。

上述四类理论都可以作为衡量国家间贸易利益分配的重要理论基础,但其仍存在一定不足:上述理论都是用来衡量全球贸易领域的利益分配,主要是从贸易领域衡量国家间实际获得的利益差异,而缺乏对金融领域等其他经济领域的利益分配问题的研究,因而,其还难以全面真实地反映国家间的实际利益分配情况,导致全球贸易再平衡的协调与治理也会出现偏差。

二、国际收支债务周期理论

在国内外学术界关注一国经常项目领域产生的收支波动及其治理的基础上,也有部分文献发现在全球金融领域、资本流动上的实际获益也会影响各国的实际外部收支波动,国家间的金融发展差异成为影响全球经济再平衡协调与治理中实际收益分配的关键因素(Mendoza 等,2007;Caballero 等,2008),金融发展差异对国家间的贸易收支波动和金融收支波动的影响也因此成为热点之一(Willen,2004;Clarida 等,1999;Chinn 等,2006;雷达和赵勇,2009;徐建炜和姚洋,2010;祝丹涛,2008)。

而在现有的国际收支的金融调节理论中,基于国际收支阶段展开分析的国际收支债务周期理论,初步考虑到金融市场和资本流动的调整对贸易收支波动可能存在的调节影响。该理论将一国是资本流出还是流入,归因于各国在国际收支的"债务周期"中所处的地位和阶段,这种债务周期在不同国家的差异,直接导致其对资本的吸引力差异,也导致金融领域的资本流出入不平衡。具体而言,这一理论认为一国在国际债务周期中所处的阶段与其经济发展水平有关,经济发展水平差的国家,应该主要作为非成熟的或成熟的债务人存在,通过金融市场借贷获得足够的资本发展经济;

而经济发展水平高的国家,应该主要作为非成熟的或成熟的债权人,给相对落后的国家贷款。

然而这一理论不能解释美国为什么不能在国内金融市场发达的情况下作为债权人,而只能作为债务人:即拥有全球最为发达金融市场的美国,通过吸引外部资本购买美国的国内债务性资产,积累了规模越来越大的净对外债务,并用这些外部债务融资,再次通过对外投资获得巨额收益,弥补了贸易收支波动导致的资本外流,而这一过程显然无法用国际收支的债务周期理论进行解释(刘威,2009)。

第三章　G20 框架下中国的对外
收支波动程度评估

2005 年由国际货币基金组织提出的"全球经济不平衡",主要表现为国家(或地区)自身及不同国家(或地区)之间的贸易不平衡。然而,各国(或地区)的贸易不平衡来源于其自身内部经济发展的不平衡,所以在治理各国(或地区)间的贸易不平衡的时候,不可避免地要调整各国(或地区)的内部经济发展的不平衡,一国经济不平衡的内容也包括内部的经济发展不平衡与外部的国际收支不平衡两个方面,因此我们认为有必要对一国宏观经济发展的不平衡进行整体评估,认清实质,尤其是评估其外部的国际收支波动的程度,从而能够合理调整各方利益,治理好各自的内外经济发展不平衡,实现全球经济再平衡。

第一节　G20 参与全球经济再平衡
协调与治理现状概述

全球经济不平衡给世界经济带来了越来越多的国际经贸摩

擦,使各国(或地区)之间的经贸关系日趋严峻,也导致越来越多的国家和地区在全球治理框架下对"全球经济再平衡"进行深入的讨论。尤其是 2008 年全球经济爆发了严重的金融危机后,在世界贸易和金融框架下,有关全球经济再平衡的争议达到顶峰。其中,以 G20 领导人峰会为代表的新型全球经济治理机制开始为世界各主要经济体关注,越来越多的国家和地区开始参与到这种 G20 框架下的全球经济协调与治理中来,共同进行全球经济再平衡。

一、G20 的建立与发展简述

G20 于 1999 年 12 月 16 日在德国的柏林正式成立,最初其主要是作为一类促进区域间经济合作的会议论坛形式存在,合作与协调形式较为松散,缺乏相应的约束机制。在 20 世纪 90 年代之前的世界经济格局中,以美国为首的发达国家经济集团,占据着主导影响地位。但随着以中国、印度、俄罗斯、巴西等为代表的发展中国家的赶超式经济发展,全球经济和金融事务越来越离不开这些新兴经济体的参与和协调。于是 20 世纪 90 年代末,发达国家与发展中国家之间共同组成了全球性的经济合作论坛——二十国集团。由于 G20 的国内生产总值(GDP)总量占世界 GDP 总量的85%左右,涉及人口将近 40 亿,因而其代表了世界主要国家和地区的经济利益和政治需求。目前 G20 已经逐步取代了八国集团(G8)峰会,成为世界主要国家和地区解决全球性经济和政治问题的重要对话平台和协调机制,从 1990 年的德国柏林 G20 峰会到2015 年的土耳其安塔利亚 G20 峰会,再到 2019 年的日本大阪 G20峰会,G20 基本保持了年均一次的 G20 领导人峰会,并召开多次

G20 财长和央行行长会议的惯例,且在 2000 年增设了 G20 工商峰会,对世界经济的正常运行始终保持着巨大影响力,并成为当前全球经济再平衡协调与治理的重要平台之一。

二、G20 在全球经济再平衡上取得的主要成果

利用 G20 这个全球性的对话平台,推进全球经济再平衡协调与治理,是 G20 建立的最初目标之一。在最开始的 G20 会议框架下,各主要国家和地区仅局限于 G20 财长和央行行长会议的对话,其议题与全球经济再平衡协调与治理关联不大。但当 2008 年全球金融危机全面爆发后,世界经济发展的不平衡对包括美欧在内的发达经济体,乃至全球经济的影响日益扩大,G20 领导人峰会开始发挥日益重要的作用。在各方的积极推动下,G20 在全球经济再平衡协调与治理上取得了明显的进展,逐步成为世界主要国家和地区开展全球经济再平衡协调与治理的主要平台之一。

(一)及早将全球经济再平衡作为 G20 领导人峰会的主要议题之一

2008 年全球金融危机爆发,G20 开始将部长级会议全面升级为各国和地区的 G20 领导人峰会,以加强各方之间的经济与政治协调及其执行力。但基于全球金融危机的负面影响,2008—2009 年的美国华盛顿 G20 领导人峰会和英国伦敦 G20 领导人峰会并没有将全球经济再平衡协调与治理作为其主要议题之一。但 2009 年年底,伴随着美国经济的逐步复苏及全球金融危机的缓解,在美国匹兹堡 G20 领导人峰会上,时任美国总统的奥巴马代表美国政府提出将实现全球经济再平衡定为 G20 会议的主要任

务和议题之一。

（二）在评估各方经济发展波动的具体指标和参考准则上达成一致

自 2009 年的美国匹兹堡 G20 峰会提出"全球经济不平衡及再平衡"议题以来，2010—2011 年的 G20 领导人峰会、G20 财长和央行行长会议，着手逐步推进全球经济再平衡协调与治理的机制化建设。2010 年 10 月，在韩国首尔举行的 G20 财长和央行行长会议开始进行全球经济再平衡协调与治理和各国经济发展不平衡评价标准的"参考性指南"的制定，一年后，在法国巴黎举行的 G20 财长和央行行长会议上，各成员方达成一致，正式提出定义一国经济发展不平衡及再平衡标准的参考性指南和指标体系，该次会议明确提出衡量一国经济发展不平衡的具体内外经济评价指标。在 2011 年 4 月的美国华盛顿 G20 财长和央行行长会议上，各成员方同意选择 IMF 提出的测度方法（包括结构法、基于各国历史时间序列的统计法、组内分析的统计分析法及统计四分位法），同时对一国内外经济发展不平衡及再平衡的参考性标准达成一致。① 随后在当年的法国戛纳 G20 领导人峰会上，各方通过了再平衡协调与治理的参考标准和测度方法，使 G20 对全球经济不平衡的评估和再平衡协调与治理进入了实际环节，这也是对各方经济发展水平开展评估和治理的实质性的进步。

在 2009—2012 年间 G20 领导人峰会、G20 财长和央行行长会议的密集治理下，全球经济逐步走向复苏，G20 也将会议的重点从

---

① 黄薇、韩剑:《G20 参考性指南:治理全球经济失衡的第一步》,《金融评论》2012 年第 1 期。

全球经济再平衡向更多新的议题发展,尤其是向全球经济增长议题延伸,而全球经济再平衡的协调与治理则相对减缓。因此,中国参与 G20 框架下的全球经济再平衡协调与治理的主要时间集中在 2009—2012 年,考察 G20 框架下的全球经济再平衡协调与治理也主要集中在这一时间段,基于这一考虑,接下来本书将主要集中在这一时间段进行相关影响重点评估。

第二节　基于 G20 方法的中国对外收支波动程度测度

要平抑中国的国际收支波动,首先需要对各方的实际国际收支现状进行测度,找出其外部收支波动的主要来源和实质。随着在法国巴黎和美国华盛顿举行的 G20 财长和央行行长会议提出了被各方认同的参考性标准、测度指标和具体评估方法,并开始对贸易各方的经济发展程度实际进行测度,得到各方认同与可比较的评估,已经成为可能。接下来本节将利用 G20 提出的参考标准、测度指标和评估方法,对中国的内部经济发展与外部国际收支波动水平进行测度,并与美国的整体经济发展情况进行比较。

一、G20 对国际收支波动的测度指标的构建研究

G20 对一国内部经济发展和外部国际收支波动的测度指标的构建最初取自专家研究,由成员方的专家学者和政府机构提出自己认可的测度指标,汇总到 G20 财长和央行行长会议,最终由 G20 专门成立的增长框架工作组确定评估一国内外经济发展情况的具

体指标:包括财政盈余额占 GDP 的比重、公共债务额占 GDP 的比重、私人储蓄额占 GDP 的比重、私人债务额占 GDP 的比重、贸易盈余额占 GDP 的比重和净投资收益占 GDP 的比重,各指标均以其均衡值为参考标准,无论一国指标的具体值是高于还是低于这一均衡值,均被认为是处于不平衡的波动状态。本书预先认为,中国的国际收支波动的日益扩大与自身的内部经济发展波动密切关联,国际收支波动的调整也需要内部经济发展的适当同步治理,因此,本书将其内外经济发展程度同步进行测评,具体采用的是 G20 提出的测度指标。

二、中美两国经济发展总体水平的测度与比较

目前 G20 的各类会议经过选择后,主要认可国际货币基金组织提出的几类方法,如组内分析法、历史时间序列统计法、统计四分位法等进行各国内外经济发展波动水平的测度,我们选择历史时间序列统计方法评估中国的内外经济发展水平的波动。之所以选择这类方法,主要是因为其研究方法较为简单,相关数据较易获得,较少受到研究者自身的主观因素影响。

接下来,我们具体按照以下步骤展开研究:(1)根据黄薇等(2012)的研究,得到一国内外经济发展波动水平评估的基准时间区。我们将基准时间区定在 1990—2004 年,以各指标在该时期的数据作为一国内外经济发展程度的均衡期参考值。(2)以 2003—2012 年作为主要研究时间期。选择这一时期,是因为:第一,"全球经济不平衡"是在 2005 年提出来的,理论上应该截取 2005 年前后的各个指标数据进行比较,因此,我们将 2003—2004 年这一时段截取出来展开分析。第二,2007 年和 2008 年宏观经济领域爆

发两次危机影响,这种突发冲击会对全球经济不平衡及其调整造成剧烈影响。2003—2012年涉及2008年全球金融危机发生前、发生中和发生后,用其比较更能体现危机对全球经济不平衡的影响。[①] (3)实证检验时间序列法是否有错误辨识。通过对1990—2004年和2003—2012年中国和美国的六个指标的偏离均衡指数情况进行趋势统计,发现:1990—2004年和2003—2012年,中美两国的各个指标都没有受到剧烈冲击而出现连续升降,宏观经济波动较为平稳,因此时间序列法并不会产生加重错误辨识的问题。第三,利用时间序列统计法,得到各指标的具体参考值及阈值(见表3-1)。

表3-1 各指标的标准值和阈值概述

	财政盈余额占GDP的比重	公共债务额占GDP的比重	私人储蓄额占GDP的比重	私人债务额占GDP的比重	贸易盈余额占GDP的比重	净投资收益额占GDP的比重
标准值	均值(1990—2004)	均值(1990—2004)	均值(1990—2004)	均值(1995—2009)	均值(1990—2004)	均值(1990—2004)
阈值1	大于(均值-0.5标准差)以内	(均值±1个标准差)以内	(均值±1个标准差)以内	小于(均值+1个标准差)以内	(均值±1个标准差)以内	(均值±1个标准差)以内
阈值2	(均值-1个标准差)—(均值-0.5个标准差)	(均值±1个标准差)—(均值±2个标准差)	(均值±1个标准差)—(均值±2个标准差)	(均值+1个标准差)—(均值+2个标准差)	(均值±1个标准差)—(均值±2个标准差)	(均值±1个标准差)—(均值±2个标准差)
阈值3	小于(均值-1个标准差)以上	≥(均值±2个标准差)	≥(均值±2个标准差)	大于(均值2个标准差)以上	≥(均值±2个标准差)	≥(均值±2个标准差)

资料来源:黄薇、韩剑:《G20参考性指南:治理全球经济失衡的第一步》,《金融评论》2012年第1期。

---

① 由于该研究的计量部分相对复杂,以及G20框架下的全球经济再平衡协调与治理主要集中在2009—2012年,因此是本书在前期的研究,测度结果仅到2012年。但这并不影响测度的最终结果,且更符合G20框架下的测度结果的要求。

　　根据表3-1各数值,本节对中美两国的六个指标的波动水平取值,按阈值水平使用三分法,按指标的波动水平不同,分别取值1分、2分和3分。最终得到中美两国6个指标的评分标准(见表3-2、表3-3)。

表3-2　中国不同经济指标的波动评分标准

名称	得分标准		
	1	2	3
财政盈余占 GDP 的比重(X_1,%)	$X_1>-2.689$	$-3.003 < X_1 \leq -2.689$	$X_1 \leq -3.003$
公共债务占 GDP 的比重(X_2,%)	$5.777< X_2 <16.592$	$0.370 < X_2 \leq 5.777$ $16.592 \leq X_2 < 21.999$	$X_2 \leq 0.370$ $X_2 \geq 21.999$
私人储蓄占 GDP 的比重(X_3,%)	$38.229< X_3 <43.432$	$35.628 < X_3 \leq 38.229$ $43.432 \leq X_3 < 46.033$	$X_3 \leq 35.628$ $X_3 \geq 46.033$
私人债务占 GDP 的比重(X_4,%)	$X_4<121.100$	$121.100 \leq X_4 < 132.695$	$X_4 \geq 132.695$
贸易盈余占 GDP 的比重(X_5,%)	$0.803< X_5 <3.555$	$-0.573 < X_5 \leq 0.803$ $3.555 \leq X_5 < 4.931$	$X_5 \leq -0.573$ $X_5 \geq 4.931$
净投资收益与转移支付占 GDP 的比重(X_6,%)	$-0.982< X_6 <0.369$	$-1.657 < X_6 \leq -0.982$ $0.369 \leq X_6 < 1.045$	$X_6 \leq -1.657$ $X_6 \geq 1.045$

资料来源:笔者根据表3-1计算得出。

表3-3　美国不同经济指标的波动评分标准

名称	得分标准		
	1	2	3
财政盈余占 GDP 的比重(X_1,%)	$X_1>-3.703$	$-4.808 < X_1 \leq -3.703$	$X_1 \leq -4.808$
公共债务占 GDP 的比重(X_2,%)	$57.249< X_2 <68.837$	$51.456 < X_2 \leq 57.249$ $68.837 \leq X_2 < 74.630$	$X_2 \leq 51.456$ $X_2 \geq 74.630$
私人储蓄占 GDP 的比重(X_3,%)	$17.558< X_3 <20.235$	$16.220 < X_3 \leq 17.558$ $20.235 \leq X_3 < 21.574$	$X_3 \leq 16.220$ $X_3 \geq 21.574$

名称	得分标准		
	1	2	3
私人债务占 GDP 的比重(X_4,%)	$X_4 < 193.333$	$193.333 \leqslant X_4 < 215.217$	$X_4 \geqslant 215.217$
贸易盈余占 GDP 的比重(X_5,%)	$-3.612 < X_5 < -0.822$	$-5.007 < X_5 \leqslant -3.612$ $-0.822 \leqslant X_5 < 0.572$	$X_5 \leqslant -5.007$ $X_5 \geqslant 0.572$
净投资收益与转移支付占 GDP 的比重(X_6,%)	$-0.470 < X_6 < 0.013$	$-0.712 < X_6 \leqslant -0.470$ $0.013 \leqslant X_6 < 0.258$	$X_6 \leqslant -0.712$ $X_6 \geqslant 0.258$

资料来源:笔者计算得出。

根据上述评价标准,得到 2003—2012 年中美两国的六个评价宏观经济发展水平波动的指标评分表(见表 3-4、表 3-5)。

表 3-4　中国六个经济指标的波动评估结果　　　　(单位:分)

年份	财政盈余额占 GDP 的比重	公共债务额占 GDP 的比重	私人储蓄额占 GDP 的比重	私人债务额占 GDP 的比重	贸易盈余额占 GDP 的比重	净投资收益额占 GDP 的比重
2003	1	2	2	2	1	2
2004	1	2	3	1	1	2
2005	1	2	3	1	3	1
2006	1	1	3	1	3	2
2007	1	2	3	1	3	3
2008	1	2	3	1	3	3
2009	3	2	2	2	2	2
2010	1	3	3	2	2	1
2011	1	3	3	2	1	1
2012	2	3	3	3	1	1

资料来源:笔者根据表 3-2 计算得出。

表3-5　美国六个经济指标的波动评估结果　　　　（单位:分）

年份	财政盈余额占GDP的比重	公共债务额占GDP的比重	私人储蓄额占GDP的比重	私人债务额占GDP的比重	贸易盈余额占GDP的比重	净投资收益额占GDP的比重
2003	2	1	2	1	2	1
2004	2	1	2	1	2	1
2005	1	1	1	1	3	1
2006	1	1	1	2	3	1
2007	1	1	2	2	2	1
2008	3	2	3	1	2	2
2009	3	3	3	2	1	2
2010	3	3	3	1	1	3
2011	3	3	3	1	1	3
2012	3	3	2	1	1	3

资料来源:笔者根据表3-3计算得出。

本书利用简单算术平均法,对中美两国的各指标的波动值进行算术平均计算,得到基于这六个指标的各年度的中美两国的内外综合波动指数。可以使用这一方法是因为:第一,变量偏少,使其对各指标值的影响很难判断,因此可以假定其影响效应相同,即平均分配其影响权重;第二,虽然赋权法存在错误评估的可能,但只要变量选择足够精确和全面,就可以使用所选指标。中美两国的内外经济发展波动水平情况如下(见表3-6、表3-7)。

表3-6　中国内外经济波动的评估结果　　　　（单位:分）

年份	对内综合波动水平	对外综合波动水平	整体综合波动水平
2003	1.75	1.50	1.67
2004	1.75	1.50	1.67
2005	1.75	2.00	1.83

续表

年份	对内综合波动水平	对外综合波动水平	整体综合波动水平
2006	1.50	2.50	1.83
2007	1.75	3.00	2.17
2008	1.75	3.00	2.17
2009	2.50	2.00	2.33
2010	2.25	1.50	2.00
2011	2.25	1.00	1.83
2012	2.75	1.00	2.17

资料来源:笔者计算得出。

表3-7　美国内外经济波动的评估结果　　　　　　（单位:分）

年份	对内综合波动水平	对外综合波动水平	整体综合波动水平
2003	1.50	1.50	1.50
2004	1.50	1.50	1.50
2005	1.00	2.00	1.33
2006	1.25	2.00	1.50
2007	1.25	1.50	1.50
2008	2.25	2.00	2.17
2009	2.75	1.50	2.33
2010	2.50	2.00	2.33
2011	2.50	2.00	2.33
2012	2.25	2.00	2.17

资料来源:笔者计算得出。

三、中美两国的国际收支调整的比较及其实质

（一）中美两国的国际收支调整趋势的比较

传统的国际收支理论分析认为:中美两国各自的经常项目收支波动主要集中在贸易收支的波动,美国的贸易逆差与中国的贸易顺差并存。那么在 2005 年,全球经济不平衡及再平衡提出后,

中美两国的经常项目收支水平是否有所改善,其来源有何改变,这将是判定当前全球经济再平衡调整趋势及其协调与治理结果的重要依据。本节采用 G20 增长框架工作组提出的指标和方法,进行复杂计算后,得到上述两国的经常项目收支波动情况的测度结果。具体而言,二者的波动构成及调整趋势虽有相似,但也呈现了差异,尤其是 2008 年后两国的经常项目收支指标调整出现明显不同,具体表现为以下三个方面。

第一,中美两国的对外贸易收支均有明显改善趋势。据表3-4 和表 3-5 所示,中美两国的贸易盈余额占 GDP 的比重指标在2005—2008 年均达到峰值,且始终保持在这一峰值(3 分)水平上,但从 2008 年后其贸易盈余额占 GDP 的比重均同步下降,尤其是美国的贸易盈余额占 GDP 的比重指标从 2009 年开始就一直保持在最低水平上(1 分),而中国的贸易盈余额占 GDP 的比重程度也在 2011 年下降到最低,且始终维持在这一水平,这说明中美两国的贸易收支的较大波动均得到了有效调整。需要特别指出的是:对中国而言,中国总体经济发展波动的重心明显逐步从原有的外部的经常项目收支波动转向内部经济发展的波动。2003—2008年,在没有全球金融危机等偶然因素的影响下,中国的整体综合经济发展波动指数一直处于增长趋势,从 2003 年的 1.67 上升到2009 年的最高位 2.33,此后基本维持在 2 以上的高位上,但其增长源头从 2009 年开始发生改变:据表 3-6 分析,2002—2004 年,中国整体综合经济波动程度高于对外的经常项目波动程度却低于对内经济发展的波动程度;2005—2008 年,其低于对外的经常项目波动程度却高于对内经济发展的波动程度,尤其是 2007—2008年,经常项目偏离均衡再次变成中国宏观经济发展波动的主要源头。但2009年后中国经济整体波动程度再次高于对外的经常项目波动程度却低于对内的经济发展的波动程度,中国的经常项目收支改善态势明显。

第二,2008年后美国的净投资收益与转移支付指数的上升程度远超中国。据表3-5和表3-6所示,在2008年之前,美国的净投资收益与转移支付占GDP比重指数一直维持在最低水平(1分),此时它不是导致美国对外的经常项目收支指数上升的主要来源;同期中国的净投资收益与转移支付占GDP比重指数则明显高于美国,甚至在2007—2008年达到最高水平(3分)。但从2008年后,中美两国的净投资收益与转移支付占GDP的比重指数呈相反调整态势,美国在该指标上的数值急剧上升,2010年达到峰值(3分),同期中国则逐步改善,2011年降到最低水平(1分),因此,美国外部的经常项目收支指数上升的主要来源,已从此前的进出口贸易波动的扩大转变为净投资收益与转移支付指数的扩大。

第三,中美两国外部的经常项目波动指数呈不同调整态势,尤其是中国的贸易盈余额占GDP的指数整体改善明显。对比2003—2012年中美两国外部经济综合指数调整的趋势,可以发现中国外部经济波动综合指数的波动幅度明显大于美国。在2005年之前,中美两国总体外部经济发展波动水平相似,维持在中等的1.5分以上,且呈同向增长态势;2005—2008年,由于中国在贸易收支和净投资收益与转移支付的波动程度及增长上均高于美国,使中国的经常项目收支波动总体水平明显高于美国;2008年后,在中美两国贸易收支均有效改善的情况下,美国的净投资收益与转移支付占GDP的比重指数增长明显高于中国,导致中美两国的经常项目收支波动总体水平呈不同发展态势,尤其是在2009—

2012年全球经济恢复调整期,中国外部收支波动的下降幅度十分明显,从2008年的最高点(3分)持续下降到最低点(1分),而美国则始终控制在一个适中范围内,外部收支波动指数在1.5—2上下波动,并在2010—2012年稳定在中度波动水平(2分),即美国的经常项目收支调整幅度远没有中国那么大。

(二)中美两国的国际收支调整的实质

在中美两国的国际收支调整中有两个关键时间点:其一是2007年,自2005年美国外部的经常项目收支波动总指数上升到最高点(2分),并于2007年第一次出现下降,同时,中国的经常项目收支波动总指数达到最高点(3分),其贸易收支波动及净投资收益与转移支付波动指数值均达到最大;其二是2009年,由于贸易盈余额占GDP比重指数明显下降,2009年美国的经常项目收支波动指数有所减少,而中国的经常项目收支波动指数则在贸易盈余额占GDP比重及投资收益净流出额占GDP比重双向减少影响下,持续下降。上述两点的调整差异,说明中美两国自身的经常项目收支波动在共同调整,但其实质有一定不同。

1.两国的经常项目收支调整均是对金融危机影响的即时反应

由表3-6和表3-7看,在2007年和2009年两个时间点上,美国的外部经常项目收支波动总指数均有明显降低趋势,而中国的经常项目收支波动总指数在2007年恶化,2009年则向下降趋势调整。虽然二者的调整来源有差异,但均与这两个时间段的全球金融危机影响有一定同步性和相关性:首先,2006—2007年和2008—2009年美国经常项目收支波动总指数下降,主要源于其贸易收支指数(贸易盈余额占 GDP 比重)的减少,分别从 3 降到 2 及从 2 降到 1,这种下降明显与 2007 年的美国次贷危机及 2008 年的全球金融危机影响有关:持续的金融危机给美国金融市场造成巨大的不利影响,造成美国的整体信贷规模大幅收缩,影响其国内居民的资金借贷和内外消费,并使其国内贸易保护主义重新抬头,对外进口大幅降低,贸易逆差随之减少并趋于平衡。其次,2006—2007 年中国经常项目收支波动总指数增加和 2008—2009 年的减少,与这一时期其净投资收益与转移支付指数的调整有关,一定程度也受到了全球金融危机的影响。在 2007 年的美国次贷危机和 2008 年全球金融危机爆发之初,全球金融市场的动荡使外资迫切希望回流到母国及更为安全的金融市场,中国的投资收益因此从 2006 年的 19 亿美元净流入转变为 2007 年的 7 亿美元净流出,但随着全球金融危机的持续发展,投资者逐步发现中国是安全性较高的国家,将投资收益流出中国的动力随之减弱。此外,美国、欧盟等受全球金融危机冲击较大国家和地区的进口需求持续减少,进一步导致中国贸易收支波动指数和总体经济波动指数下降。因此,可以说 2007 年和 2009 年中美两国的经常项目收支的调整是对全球金融危机影响的即时反应。

2. 美国的经常项目收支波动的增长来源从贸易收支波动变为净投资收益与转移支付波动

20 世纪 80 年代以来,在跨国公司全球生产网络的推动下,美国对外进口及其带来的贸易逆差持续扩大,进而引致全球经济不平衡,这也使得当前的全球经济再平衡协调与治理核心主要集中在贸易领域的治理,美国的贸易收支再平衡调整也因此相对有效,其贸易盈余差额占 GDP 的比重从 2007 年开始回落,并从 2009 年起一直维持在最低水平。与之对应，由于美国是全球对外直接投资的主要来源方，良好的跨国经营效益，使跨国公司能够将大量高附加值产业的直接投资收益回流美国，帮助母公司抵御全球金融危机的不利冲击；同时以中国、日本等为代表的新兴经济体，将其巨额外汇储备集中投资于低收益的美国政府债券；上述两方面原因共同导致美国的投资收益净流入逐步扩大，最终使美国的经常项目收支波动扩大的来源逐步从以往的贸易收支波动转变为净投资收益与转移支付波动，而美国也获得了实际的投资利益。

3. 中国贸易收支波动和净投资收益与转移支付波动均得到有效调整，实际投资获益在增加

虽然中美两国各自的贸易收支的改善与这一时期的全球金融危机密切相关，但从 2010 年开始，美欧等发达国家和地区的经济已逐步复苏，对外进口和贸易逆差占比理应上升，尤其是自中国的进口应逐步改善。然而从表 3-4 和表 3-5 中的中美两国的贸易盈余占 GDP 的比重指标的调整趋势看，二者均在美欧进口恢复的情况下持续降低，这说明在 2008 年全球金融危机后，中国的贸易收支调整进程依然在持续，全球金融危机并不是导致中国贸易收支改善的唯一原因。同时，据国家外汇管理局发布的中国的国际收支平衡表统计，在 GDP 持续增长的态势下，中国的投资收益净流出额从 2010 年的 258 亿美元减少到 2012 年的 199 亿美元，其净投资收益和转移支付占 GDP 的比重指标值也一直维持在低水平（1 分）上，这些均一定程度抑制了中国对外经常项目收支的恶化，同时也使更多的投资收益留在国内，增加了中国的实际获益。

第三节　中国经常项目收支改善
影响因素的经验分析

　　从前文的统计分析看,2005 年以来中国的对外经常项目收支正处于逐步调整的过程中,不断改善的经常项目收支,使中国经济面临着良好的国际环境与发展态势,因此这种调整需要适当持续。当前我们需要分析导致经常项目收支有效调整的主要影响因素,才能持续减少对外贸易收支波动,实现对外贸易再平衡。考虑到贸易盈余和净投资收益与转移支付差额的和是一国的经常项目余额,本书以经常项目差/GDP 为因变量,研究一国外部贸易收支变动的影响因素。

一、变量的选取和数据来源解释

　　在对经常项目收支差额的影响因素的研究中,国内外学者已经对财政赤字等多个影响要素进行了考察,本节在综合参考了国内外文献以及上文对中国宏观经济发展状况的测度结果的基础上,为了更全面准确地衡量经常项目差额的影响因素,并从中找出最主要的影响因素,为接下来的中国如何参与全球经济再平衡协调与治理提供参考,因此,结合上文测度结果中的中国内部和外部经济发展波动最为严重的两个指标,选择了 8 个变量进行模型的建立。

　　第一,因变量(Y)——经常项目差额/GDP。选取经常项目差额/GDP 值为因变量,以消除经济增长的影响。

第二,自变量通过利用主成分分析法得到,具体变量如下。

X_1——GDP 的增长率。用从 t 时期至 $t+1$ 时期 GDP 变动百分比代替。

X_2——人民币实际有效汇率。

X_3——M_2/GDP。其中,M_2 = 流通中现金 + 支票存款 + 储蓄存款。

X_4——财政盈余/GDP 值。

X_5——私人储蓄率。

X_6——15—64 岁劳动年龄的人口占总人口的比重。

X_7——贸易总额/GDP。

X_8——中国实际引进外资/GDP。

考虑到中国参与 G20 全球经济再平衡协调与治理的主要时间集中在 2009—2012 年,本节以 2003—2012 年变量的年度数据为主进行分析。主要数据来自 BVD 宏观数据总库的 EIU Countrydata 数据库,以及 2004—2013 年的《中国统计年鉴》。

二、对经常项目收支波动的影响变量的主成分分析

我们选取了 8 个变量作为自变量,为了避免变量过多导致多重共线性,具体以 SPSS 统计软件,利用主成分分析法,找到主成分替代原有自变量。考虑到数据的量纲和数量级差异会使变量间难以综合,首先,我们利用 Z 标准化方法对初始数据标准化,从而消掉量纲和数量级差异的影响。然后进行 Factor 过程计量得到最终方程。

在主成分分析之前,我们检验了主要变量的相关性,如表3-8的相关系数矩阵结果所示,各自变量之间具有较高的相关性,需要

综合各自变量的影响,确定最终分析用的主成分变量。

表 3-8　变量的相关系数矩阵结果

变量	ZX_1	ZX_2	ZX_3	ZX_4	ZX_5	ZX_6	ZX_7	ZX_8
ZX_1	1.00	−0.68	−0.71	0.80	0.07	−0.32	0.82	0.33
ZX_2		1.00	0.78	−0.33	0.54	0.83	−0.81	−0.89
ZX_3			1.00	−0.62	0.17	0.69	−0.81	−0.64
ZX_4				1.00	0.26	0.01	0.74	0.01
ZX_5					1.00	0.71	−0.15	−0.80
ZX_6						1.00	−0.48	−0.95
ZX_7							1.00	0.53
ZX_8								1.00

资料来源:本表将 8 个变量的 Z 变化值代入 SPSS 20.0 计算,ZX 表示各变量的 Z 标准化值。

　　主成分分析法要求只有在主成分的累积方差贡献率达到 85%,才能确认主成分变量。而表 3-9 显示前两个主成分的方差和占全部方差和的比例达到 89.86%,即这两个主成分包含了原来 8 个变量的 89.86% 的信息,也就是它们可以基本保留原来变量的信息。因此我们选择成分 1 和成分 2 为主成分,重新定义为 F_1 和 F_2,以其为自变量。

表 3-9　变量的总方差解释结果　　　　　　　　　(单位:%)

成分	初始特征值			提取平方和载入		
	合计	方差占比	累积贡献率	合计	方差占比	累积贡献率
1	4.90	61.29	61.29	4.90	61.29	61.29
2	2.29	28.67	89.96	2.29	28.67	89.96
3	0.36	4.44	94.40			
4	0.24	2.98	97.38			
5	0.15	1.89	99.28			

续表

成分	初始特征值			提取平方和载入		
	合计	方差占比	累积贡献率	合计	方差占比	累积贡献率
6	0.04	0.47	99.74			
7	0.02	0.19	99.93			
8	0.01	0.07	100.000			

资料来源:利用 SPSS 20.0 软件计算,"方差占比"是指每个主成分的方差占全部方差的比例,"累积贡献率"是指对应成分变量之前的所有主成分的方差之和占总方差百分比。

接着,我们继续提取因子载荷矩阵,进而得到两个主成分变量与原自变量之间的关系式:

$$F_1 = -0.34X_1 + 0.44X_2 + 0.40X_3 - 0.23X_4$$
$$+ 0.22X_5 + 0.37X_6 - 0.39X_7 - 0.38X_8 \qquad (3.1)$$
$$F_2 = 0.37X_1 + 0.09X_2 - 0.15X_3 + 0.53X_4$$
$$+ 0.51X_5 + 0.33X_6 + 0.25X_7 - 0.35X_8 \qquad (3.2)$$

然后将原自变量值代入 F_1 和 F_2 中,得到二者的数值(见表 3-10)。

表 3-10　F_1 和 F_2 的测度结果

年　份	F_1	F_2
2003	−1.66	−2.88
2004	−2.13	−1.46
2005	−1.80	−0.43
2006	−1.91	1.25
2007	−2.16	2.45
2008	−0.17	1.15
2009	2.36	−0.73
2010	1.96	0.60
2011	2.17	0.29
2012	3.33	−0.26

资料来源:根据各变量的 Z 标准化值计算。

三、中国经常项目收支调节的影响因素检验

(一)变量的平稳性检验

本节用 ADF 检验对各个变量进行单位根检验,如表 3-11 所示。

表 3-11　各变量的单位根检验结果

主要变量	检验的形式(C,T,L)	ADF 的统计量	5%的临界值	主要结论
Y	(0,0,1)	-2.25	-1.95	平稳
F_1	(0,0,3)	-2.45	-1.95	平稳
F_2	(0,0,0)	-2.49	-1.96	平稳

注:(C,T,L)代表检验是否有常数项、时间趋势项及滞后期数。

表 3-11 显示各变量在 5%的显著水平是平稳的。可直接进行 OLS 分析。

(二)OLS 分析

通过 OLS 分析,得到因变量和两个主成分自变量的回归方程式:

$$Y = -0.25F_1 + 0.45F_2 + 1.72 \times 10^{-6} \qquad (3.3)$$

由于要检验结果的准确性,我们继续进行了三种检验:正态性检验、回归方程自相关检验和异方差检验。显示其不存在自相关和异方差,因此最终方程式成立。

(三)中国在国际收支调整中需要注意的问题

虽然适当控制中国的对外收支顺差的持续扩大,理论上有利于中国推进互利共赢开放战略,更好地参与经济全球化;但中国参

与全球经济再平衡协调与治理进程必须符合中国的利益要求,不能为了贸易收支的治理,给经济发展造成损害,需要在以下几个问题上注意。

第一,中国外部的经常项目收支的调整需注意内部各主要经济指标的重点调节。虽然式(3.3)和式(3.1)、式(3.2)的系数结果综合显示,中国财政支出和私人储蓄增加有利于中国对外的经常项目收支波动的调节。但当前中国宏观经济的调整重心是治理内部经济发展的不平衡。因此,中国应该重点调节公共债务和私人储蓄至正常均衡的水平。

第二,慎重利用金融深化治理中国的内部经济发展不平衡和外部经常项目收支波动。式(3.3)的结果可以推导得到 M_2/GDP 变量对中国经常项目收支的变动主要产生负效应,提升其值有利于中国经常项目收支的调节。但若为了调节经常项目收支而提升 M_2/GDP 值,甚至增加国内的货币发行和实施金融自由化,将使中国经济运行风险加大。当前中国应逐步推进内部的金融深化和金融自由化,不能一味治理和实现经常项目再平衡,应以自身金融稳定的利益为主。

第三,应在外部的经常项目收支治理与推动中国经济持续增长之间寻求一个平衡点。式(3.3)显示解释变量 ZX_1(GDP 的增长率)通过主成分变量 F_1 和 F_2 对被解释变量中国经常项目差额/GDP 产生正向效应,表明中国经济增长与经常项目收支波动之间正相关。因此中国一旦调整对外经常项目收支,将可能会对经济的持续增长产生负效应。当前中国经济正处于新常态,经济结构优化与经济规模的扩大使宏观经济增长速度相对减缓,对经常项目收支的调整可能对中国当前经济增长造成不利影响,需要在经常项目收支治理与经济增长之间找到一个合理的平衡策略，协调二者之间可能产生的政策冲突，最大程度地发挥政府宏观调整政策的积极效用。

第四章　G20 框架下中国参与全球经济
再平衡路径的有效性评估

目前,中国将在维护自身利益需求的基础上,以互利共赢的开放战略为指导,参与 G20 框架下的全球经济再平衡协调与治理。目前,全球经济不平衡不仅包括国家间的贸易不平衡,也包括在全球资本流动影响下的全球金融发展和流动的不平衡,这也使得调整中国的国际收支必将通过两类渠道,即通过贸易渠道和金融渠道进行。接下来本书将从实证视角探讨。为了便于实证研究,并更好地考察各类路径对包括贸易和金融收支不平衡在内的中国的国际收支调整的实际效力,本书分别探讨贸易调整渠道与金融调整渠道的不同影响效力。

第一节　中国贸易收支调整路径实效的比较

早期的研究,强调从贸易渠道调整中国对外贸易收支,减少对外出口和增加进口是其主要内容。从 2008 年开始,全球金融危机和欧洲债务危机导致的美欧市场进口需求的低迷,影响了中国出口增速,对外出口相比 GDP 增速显著减慢,对外进口增速则相对加快,2013 年中国贸易顺差在 GDP 中的占比减至 2.3%,这是国际社会认可的外部均衡区间①。那么从贸易渠道角度而言,是什么原因导致一国的贸易不平衡出现逆转或调整? 贸易调节渠道的实际效果如何? 需要我们深入研究。目前,从贸易方式上划分,加工贸易顺差是中国外部贸易顺差的主要来源,一般贸易则表现为对外贸易逆差。到底是什么因素导致中国一般贸易和加工贸易的波动出现相反发展趋势,是什么使一般贸易出现对外贸易逆差? 根据前文理论分析和现有文献的研究,我们挑选了三条贸易渠道:人民币汇率调整渠道、内需调整渠道和外需调整渠道,研究其对中国两类产品贸易调节的影响效应。

一、实证分析所用变量的解释

考虑相关指标的数据可得性,本节以 2008 年 9 月至 2013 年 8 月各个变量的 60 个月度数据为样本容量,对解释变量和被解释变量间的关系进行检验。具体数据和变量说明如下:用一国 GDP 值表示国民收入,即用中国的 GDP 值变化代表内需变化,世界其他国家(或地区)GDP 变化代表外需变化。由于一国 GDP 值仅有年度和季度数据,没有月度数据,因此,我们利用邹至庄和林(Chow 和 Lin,1971)的方法得到中国和世界其他国家和地区的月度 GDP,按其提出的方法,可以给工业增加值赋权来得到 GDP 的月

---

① 按照 IMF 的观点,新兴市场经济体或发展中国家的经常账户顺差占 GDP 的比重超过 5%,就需对其进行调整,而逆差方的经常账户逆差占 GDP 的比重达到 4%,就需对其进行调整,见 IMF,*World Economic Outlook April* 2007:*Spillovers and Cycles in the Global Economy*,Washington D.C:IMF,2007。

度数据,实际的计算方法是:首先计算月度 GDP 的权重值,即每个月的工业增加值与其所在季度的工业增加值的比值;其次将该权重值与中国或世界的 GDP 值相乘,得到最终的月度 GDP 数值。其中,中国的季度 GDP 值和工业增加值数据来自国家统计局的官网,进出口贸易额数据来自中国海关的官网数据库,世界其他国家和地区的工业增加值来自世界银行的官网数据库,人民币实际汇率来自国际清算银行的官网数据库。

二、不同调整渠道对中国贸易收支影响的实证分析

(一)各变量的单位根检验

本节主要使用 Stata12.0 进行检验,具体采用 ADF 方法,首先对变量的原始数据进行变量的平稳性检验。根据单位根检验的规定,如果变量不平稳,是不能直接进行 OLS 回归的,而要进行协整分析。因此本节分两部分进行检验:第一步,对 $\ln TB$、$\ln Y_c$、$\ln Y_w$ 以及 $\ln r$ 的原始数据进行 ADF 检验,结果如表 4-1 所示。从表 4-1 可以看出,四个变量均不是平稳变量,但进一步检验后发现在一阶差分时,各变量均是平稳的,所以可以对各个变量进行协整检验。第二步,本节设定了两个新的变量:中国一般贸易收支变量 $\ln TBO$ 和中国加工贸易收支变量 $\ln TBP$,以考察汇率以及国内需求、国外需求这三个变量,对中国不同性质的贸易收支波动产生了何种性质的影响。我们对这两个新变量也进行了单位根检验,其结果是平稳的。

表 4-1　各变量的单位根检验结果

主要变量	检验的类型	ADF 检验数值	主要结论
$\ln TB$	(n ,2)	-1.89	5%的置信度不平稳
$\ln Y_c$	(t,i ,1)	-2.78	5%的置信度不平稳
$\ln Y_w$	(t,i ,0)	-3.46	5%的置信度不平稳
$\ln r$	(t,i ,1)	-2.21	5%的置信度不平稳
D($\ln TB$)	(n ,1)	-7.59	1%的置信度平稳
D($\ln Y_c$)	(i ,1)	-9.17	1%的置信度平稳
D($\ln Y_w$)	(n ,0)	-2.85	1%的置信度平稳
D($\ln r$)	(n ,0)	-5.90	1%的置信度平稳
$\ln TBO$	(n ,0)	-4.16	1%的置信度平稳
$\ln TBP$	(i ,0)	-5.40	1%的置信度平稳

说明:D($\ln TB$)代表一阶差分结果,t 代表趋势项,i 代表截距项,n 代表无截距和趋势项,括号中的数字代表滞后阶数,结果按照 AIC 和 SC 值最小的原则得到。

(二)Johansen 协整检验结果

1.中国总贸易收支($\ln TB$)、国内需求($\ln Y_c$)、国外需求($\ln Y_w$)以及汇率($\ln r$)关系的协整分析

利用 Johansen 协整检验方法,对方程中的每个一阶单整变量,进行协整检验。最终得到各个变量之间在 1% 置信度上有协整关系。

$$\ln TB = 24.85 - 1.37\ln Y_c + 4.22\ln Y_w - 0.23\ln r \qquad (4.1)$$

$$(1.90) \qquad (-2.39) \qquad (0.32)$$

$$R^2 = 0.50$$

上述长期均衡方程表示了各个变量之间的协整关系,从结果来看,该方程中表示内需变量的 $\ln Y_c$ 和汇率变量 $\ln r$ 的实际系数为负值,这说明在样本期内,内需的增加、汇率的上升都会降低净出

口,而方程中表示外部需求的变量的系数为正值,说明中国外部需求的增加会使净出口扩大,这符合前文的预测结果。但方程中汇率 lnr 的 p 值等于 0.749,这表明人民币汇率对中国总贸易收支的影响结果并不显著,因此我们认为仅仅从该方程,无法评估人民币汇率对一国总体贸易收支的影响。

2. 一般贸易收支 $\ln TBO$、中国加工贸易收支 $\ln TBP$、国内需求 $\ln Y_c$、国外需求 $\ln Y_w$ 以及人民币实际汇率 lnr 关系的协整检验

我们将中国对外贸易收支划分为一般贸易收支和加工贸易收支,来界定一国贸易收支的不同性质,并进一步检验本币汇率、内需和外需三类变量对两种性质的贸易收支的影响。单位根检验结果表明,被解释变量(一般贸易收支 $\ln TBO$ 和中国加工贸易收支 $\ln TBP$)为 I(0) 变量,解释变量(国内需求 $\ln Y_c$、国外需求 $\ln Y_w$ 以及汇率 lnr)是 I(1) 变量。因为解释变量的单整阶数相同并且高于被解释变量的单整阶数,由多变量协整理论可知,这些变量之间可以进行协整检验。最终对这些变量进行 Jonhansen 协整分析后,得到如下方程。

$$\ln TBO = 55.48 + 0.04 trend - 2.51 \ln Y_c - 1.91 \ln Y_w - 2.57 \ln r$$
$$(-5.70) \quad (4.54) \quad (1.98) \quad (4.11)$$
$$(4.2)$$

$R^2 = 0.45$

由上述方程可知,一般贸易收支对国内收入的弹性为 2.51,对汇率的弹性为 2.57,并且都是显著负效应。同时,从方程的结果看,国外需求变量($\ln Y_w$)对一般贸易差额有负影响这一结论,与前文的先验预测效应相反,但是该变量的回归系数的 p 值大于 0.05,这表明国外需求变量的影响结果并不显著。

$$\ln TBP = -0.29\ln Y_c + 0.45\ln Y_w - 0.12\ln r \tag{4.3}$$
$$(2.74) \quad (-2.44) \quad (0.31)$$

$R^2 = 0.61$

由上述方程式可知,国内需求变量($\ln Y_c$)和国外需求变量($\ln Y_w$)对中国加工贸易收支影响的回归系数都显著且不为0,这表明一国的内、外需求对中国加工贸易收支($\ln TBP$)的影响结果与预测结果相同,即内需扩大会减少加工贸易顺差,外需扩大会增加中国的加工贸易顺差;同时从该方程也可以看到,虽然人民币实际有效汇率会对中国加工贸易收支产生负影响,但其 p 值是0.755,说明人民币汇率升值与中国加工贸易顺差减少无关。

(三)变量的误差修正模型(VECM)分析

为了考察各个变量之间的短期波动影响,本节建立了误差修正模型(VECM),即对一般贸易收支($\ln TBO$)、国内需求($\ln Y_c$)、国外需求($\ln Y_w$)和汇率($\ln r$)以及中国加工贸易收支($\ln TBP$)、国内需求($\ln Y_c$)、国外需求($\ln Y_w$)和汇率($\ln r$)这两组变量分别建立了误差修正模型(见表4-2、表4-3)。

表4-2　中国一般贸易收支的 VECM 结果

滞后的阶数	1	2	3
D($\ln TBO$)	−0.0147	−0.0238	−0.0513
D($\ln Y_c$)	1.3288	0.8710	0.1187
D($\ln Y_w$)	0.1710	−4.6794	1.5178
D($\ln r$)	−0.7103	2.9821	0.1685
Ecm(−1)		−0.6239	

表 4-3　中国加工贸易收支的 VECM 结果

滞后的阶数	1	2	3	4	5
D($\ln TBP$)	−0.6905	−0.4636	−0.3696	0.1450	0.0099
D($\ln Y_c$)	0.6806	−0.2376	−0.2018	−0.0810	−0.6569
D($\ln Y_w$)	−4.2770	−4.5206	−1.7189	6.2879	−0.6643
D($\ln r$)	0.6205	−0.7672	1.4362	−0.7753	−0.2428
Ecm(−1)	−0.1578				

表 4-2 和表 4-3 中的 Ecm(−1)是指方程的误差修正项,表示一国贸易收支偏离其长期均衡的水平,其系数表示贸易收支在偏离了长期均衡状态后恢复性调整的方向与速度。从上表中可以看到,中国的两类贸易收支的 Ecm(−1)的系数均是负值,这说明当短期波动下的贸易收支偏离了其长期均衡趋势,其修正项 Ecm(−1)会进行恢复性调整。并且 Ecm(−1)的系数显示,加工贸易收支的恢复性调整速度为 15.78%,慢于一般贸易收支 62.39%的调整速度。

(四)变量的脉冲响应与方差分解

1.脉冲响应分析

以前述的误差修正模型分析结果为基础,本节对误差修正模型调节的持久效应进行了脉冲响应。图 4-1 显示的是中国一般贸易收支的结果,图 4-2 显示的是中国加工贸易收支的结果。

图 4-1 中的左图显示,若在最开始时给 $\ln Y_c$ 一个单位的负向冲击影响,一般贸易收支将出现显著减少,最初的减少速度呈现出较小幅度的波动趋势,第 6 期开始稳定。中图则显示,如果最开始给外需变量 $\ln Y_w$ 一个单位的负向冲击影响,在短期内,中国的一

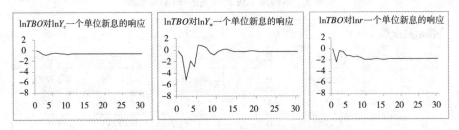

图4-1　一般贸易收支脉冲响应的结果

注:新息指预报误差值。

般贸易收支将会因其冲击呈现较大幅度的波动,不过其在第15期后的长期影响接近为0。右图则显示,若最初给汇率变量 $\ln r$ 一个单位的负冲击影响,在前10期内,中国的一般贸易收支都会发生波动,并且前5期的波动影响幅度比较大,之后减少,最终稳定在负影响上。

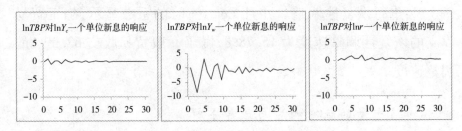

图4-2　加工贸易收支的脉冲响应

注:新息指预报误差值。

图4-2左图和右图显示,内需变量 $\ln Y_c$ 和汇率变量 $\ln r$ 的冲击对中国加工贸易收支几乎没有长期影响。中图则显示外需变量 $\ln Y_w$ 的冲击给加工贸易收支形成持久的波动式衰减影响,在第20期后,该负影响仍较为突出。因此可以得出结论,内需变量和汇率变量冲击对中国一般贸易收支有长期影响,但只有外需变量对中国加工贸易收支有长期的影响。

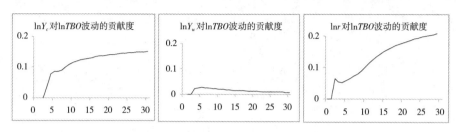

图4-3 一般贸易收支的方差分解效应

2. 方差分解

从图4-3的右图可以看出,人民币实际汇率冲击对中国一般贸易收支变动的贡献度最高,而且增速最快。同时,从左图和中图可以看出,内需冲击贡献度远远高于外需冲击贡献度。总结来说,对中国一般贸易收支改善贡献最大的变量是汇率变量和内需变量,外需变量则对中国一般贸易收支改善贡献度较小。

从图4-4的右图可以看出,虽然汇率 $\ln r$ 对中国加工贸易收支变量的贡献度在前10期持续递增,但之后其贡献度开始减少,并小于3%。从中图可以看出,外需 $\ln Y_w$ 对中国加工贸易收支变动的贡献度最大,在前3期,其贡献度增长迅速,甚至达到10%,之后其贡献度虽有所衰减,但依然保持在5%以上。从左图可以看出,内需变量对中国加工贸易收支变动的贡献度也较大,在前7期其贡献度达到了5%。可以得出结论:中国一般贸易收支变动的主要影响因素是汇率变量和国内需求变量的变化,而导致中国加工贸易收支变动的主要因素是国内需求变量和国外需求变量的变化。

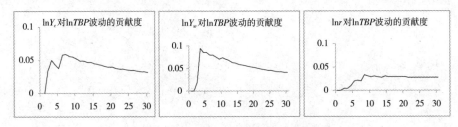

图4-4　加工贸易收支的方差分解效应

三、主要结论

根据上述实证分析结果,本节得到如下三点结论:第一,人民币汇率变动可以显著影响中国一般贸易收支波动及其调整,但对加工贸易收支波动的调整则效果较低。而中国对外整体贸易顺差的核心是加工贸易顺差,所以汇率应保持适度稳定,不需要忙于升值。第二,降低中国对外贸易顺差需要扩大中国的国内需求,因为实证研究结果表明:国内需求扩大对中国的一般贸易收支调整和加工贸易收支调整都会产生显著的负影响。但需要指出的是,脉冲响应分析和方差分解分析结果显示,内需扩大对中国一般贸易收支波动的持久影响和贡献度都要远高于对中国加工贸易收支的影响,但扩大内需的影响效力目前并未真正发挥出来。第三,国外需求仅对中国的加工贸易收支波动有显著的影响,而且外部需求相比内部需求对加工贸易收支波动会产生更长久的影响效应。因此,当前最能有效调整中国外部贸易收支波动的路径,是控制世界主要经济体对中国商品和劳务的进口需求,中国也需要利用这一契机,增加出口商品附加收益,降低加工装配类商品的出口,实现贸易向均衡的方向调整。

第二节　金融渠道对中国外部
收支调整的效用

一、金融渠道对中国的外部收支短期波动的调节效用检验

根据第二章的理论模型分析,一国外部收支的整体波动大小源于其贸易渠道和金融渠道的综合性影响,那么在不同国家的外部收支的综合波动中,哪一种调整渠道发挥了主要作用,不同国家金融和贸易调整渠道的影响效应是否有差异,需要我们进行实证检验。接下来,我们以第二章的金融渠道模型为理论基础,检验以进出口波动为核心的贸易渠道与以外部净资产收益率波动为核心的金融渠道,对中国的国际收支波动的影响,并比较两类渠道对国际收支短期波动的调节效应是否存在差异。

(一)金融渠道对中国的国际收支短期波动影响的效用检验

1. 变量处理和数据说明

传统研究更关注贸易渠道对一国国际收支波动的影响,而我们根据第二章的金融渠道理论分析,将贸易渠道和金融渠道对一国的国际收支波动及调整的影响共同纳入分析。我们将通过方差分解方法验证金融渠道对一国国际收支短期波动的影响效应。

本节的研究步骤如下:第一,首先考察金融渠道和贸易渠道对中国综合的国际收支短期波动影响的贡献差异。在这一分析中，考虑到汇率波动的影响较复杂，且各样本国的汇率形成机制和汇率制度存在差异，我们用外部净资产收益率波动代表金融渠道，主要比较一国的外部净资产收益率（r_t）与经常项目波动调节值（Δca_t）对综合的国际收支指标（fca_t）短期波动的贡献差异，其中综合国际收支波动指标 fca_t 由式（2.12）中各变量计算得到。根据第二章金融渠道影响分析揭示的理论机理，需要的变量数据包括中国的年度 GDP 值、中国的年度进出口额、中国的对外资产额和负债额等[①]，由于对外资产和负债额数据来自雷恩和梅里茨（Lane 和 Milesi-Ferretti）的 EWN II 数据库，而该数据库数据目前截止到2011 年，因此上述变量均为 1981—2011 年的年度数据。同时，本节根据前文提出的一国外部净资产的跨期预算约束方程式：$NFA_{t+1} = R_{t+1}(NFA_t + NX_t)$，用相邻两年的外部净资产和当年净出口值，计算得到外部净资产收益率 R 的值，由于本节进行的是金融渠道对国际收支短期波动的影响分析，不考虑汇率波动的影响，因此外部净资产收益率 R 可以用来表示金融渠道的影响。

第二，利用相同的方法和美国的年度 GDP 值、年度进出口额、对外资产额和负债额、外部净资产收益率等数据，检验金融渠道对美国的综合国际收支短期波动的贡献及与贸易渠道的贡献差异。

第三，具体研究中国的金融渠道调节国际收支短期波动的贡

---

① 资料来源：中国的年度 GDP 值、年度进出口数据来源于中国国家统计局网站，http://data.stats.gov.cn/easyquery.htm？cn=C01，中国的对外资产额和负债额数据来自国家外汇管理局公布的中国对外投资头寸表，见 http://www.safe.gov.cn/；美国的年度 GDP 值、年度进出口数据来源于世界银行数据库，美国的对外资产额、负债额和投资收益率相关数据来自 Lane 和 Milesi-Ferretti 的 EWN II 数据库、中国国际投资头寸表（中国外汇管理局）、国家统计局、StockQ 网站（http://stockq.cn/index/）、美联储（http://www.federalreserve.gov/releases/H15/data）。

献效应。

由于本节主要关注一国国际收支的短期波动和调整,因此在进行变量的实证检验前,需要对主要变量进行滤波处理,以分离各个变量的长期趋势项影响。我们采用霍德里克—普斯科特(Hodrick-Prescott)滤波法[①],分别得到中国外部资产值、负债值、进出口贸易等变量的时间序列数据的趋势项和波动项,进而依据此前的理论方程式,得到序列数据fca_t、r_t和Δca_t,以衡量贸易渠道(Δca_t)和金融渠道(r_t)对中国fca_t指标短期波动的贡献度。

2. 单位根检验

本节采用Stata13.1计量软件进行实证分析。首先对各变量的原始时间序列数据的平稳性进行检验,主要采用ADF检验方法(Augmented Dickey-Fuller Test)。如果ADF检验结果显示各个变量自身并不平稳,则无法对其进行OLS分析和方差分解分析。由于本节侧重研究国际收支的短期波动调节,主要变量都通过HP滤波法剔除了趋势项的影响,根据变量时序图的结果,ADF检验不存在截距项,因此我们设置ADF检验类型为不含截距项和趋势项,进行ADF检验。具体结果如表4-4所示,各变量的p值皆小于0.01,即在1%的水平上显著,因此原序列的变量都是0阶平稳。

表4-4　主要变量的单位根检验结果

变量名	检验类型	ADF检验值	Z统计值	伴随概率	结论
fca_t	n,5	-8.535	-3.730	0.0001	平稳

---

① HP滤波法是一种分离时间趋势和波动项的方法,其原理是将时间序列看成不同频率波段的叠加,并依据频率高低进行分拆,本质是一种移动平均法。

续表

变量名	检验类型	ADF 检验值	Z 统计值	伴随概率	结论
Δca_t	n ,5	−7.443	−3.730	0.0000	平稳
r_t	n ,3	−7.533	−3.743	0.0000	平稳

注:ADF 检验类型为不含截距项和趋势项,由斯沃特(Schwert)在 1989 年提出的序贯 t 规则,设置各个
变量的滞后阶数,n 表示无截距、趋势项,数字表示滞后阶数。

3. 方差分解

在进行了正态性和稳定性检验后,本节建立了稳定的 VAR 模型,并以此为基础进行方差分解。VAR 模型中的方差分解方法主要用于分析影响被解释变量的结构冲击的贡献度,即考察不同影响因素在被解释变量变动中的贡献程度。为了探究对外投资收益率 r_t(金融调整渠道)对中国的国际收支波动的调整的影响大小,并比较其与 Δca_t(贸易调整渠道)变量的扰动项对中国的国际收支短期波动(fca_t 方差)的贡献差异,我们采取方差分解方法,研究 VAR 模型的动态特征,方差分解的结果如图 4-5 所示。

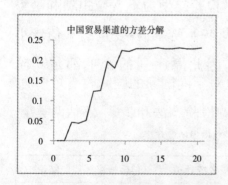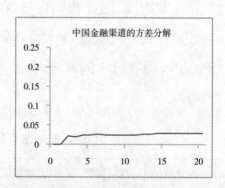

图 4-5　两种调整渠道对中国的国际收支波动影响的方差分解结果

注:上图中的响应变量 fca_t,左图的脉冲变量为 Δca_t,右图的脉冲变量为 r_t;图中的横坐标表示冲击
发生后的期数,纵坐标表示变量的方差贡献度。

图 4-5 中的纵轴数值表示两种调整渠道对中国的国际收支波动影响的方差贡献度。从左图贸易调整渠道的贡献度看，如果不考虑 fca 自身的贡献率，Δca_t（经常账户收支调整）对中国的国际收支短期波动的贡献率在第 4 期达到 5%，并在之后保持不变。相比而言，右图中金融渠道对中国的国际收支短期波动的贡献率要相对小得多，即 r_t 对国际收支波动的贡献率从一开始就呈现缓慢增长态势，在第 2 期约达到 2%，并在此后持续稳定，两组数值表明代表金融渠道的 r_t 的随机扰动对中国 fca_t 的方差贡献率，相比代表贸易渠道的 Δca_t 的方差贡献率要低。这也说明在中国的国际收支的周期性波动中，外部净资产收益率的随机波动影响较难传导至外部收支账户的短期波动中，金融因素在中国的国际收支的周期性波动中占了较小的影响比重。换言之，目前中国的国际收支的波动主要源于贸易领域的波动，金融路径对中国宏观经济再平衡的稳定作用并不如贸易路径强。从保持中国外部收支稳定的角度而言，若能维持一个相对稳定的高外部净资产收益水平，有利于中国的国际收支整体改善和趋向均衡。

（二）金融渠道对美国的国际收支短期波动影响的检验

为了衡量金融和贸易调整渠道对不同国家的国际收支短期波动的影响是否相同，我们利用相同的检验方法和步骤，评估两类渠道对美国的国际收支短期波动的影响。其中，ADF 检验、正态性和稳定性检验等结果显示以美国数据为基础的 VAR 模型是稳定可靠的，可以用方差分解方法观察美国的国际收支短期波动中金融渠道的影响效应，方差分解结果如图 4-6 所示。左图表示 Δca_t（经常账户波动的调整）对美国的国际收支短期波动的贡献率，右

图表示 r_t（外部净资产收益率波动）对国际收支短期波动的贡献率。与中国的波动影响结果相比，两类渠道在国际收支短期波动影响中的贡献度差异明显，在美国的外部收支波动中，来自金融渠道的波动影响相对大于来自贸易渠道的作用，同时其相较中国的金融渠道方差贡献度也更高，从第 7 期开始贡献度始终高于 5%，这说明美国的贸易收支波动相对稳健，对美国总体的国际收支的波动影响更小，其一定程度上对美国的国际收支的稳定影响更大。而这也与 21 世纪初以来美国的国际收支波动的经验事实相符：21世纪初以来，在贸易逆差持续扩大的同时，美国的外部净资产收益却在稳步扩大。由于美国的对外投资结构逐步从债务类投资向权益类投资转变，美国将其引入的大量低收益债务类投资以高收益的股权类投资和直接投资的方式流出，从中获得超额收益，这使得美国的外部净资产/GDP 比重虽然在下降，但其仍然能获得超额正投资收益，从而对美国的国际收支的整体波动起到显著调整作用。

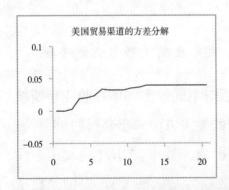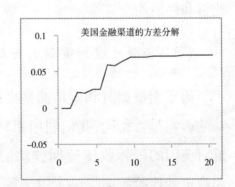

图 4-6 两种调整渠道对美国的国际收支波动影响的方差分解结果

注：上图中的响应变量 fca_t，左图的脉冲变量为 Δca_t，右图的脉冲变量为 r_t；图中的横坐标表示冲击发生后的期数，纵坐标表示变量的方差贡献度。

二、金融异质性与金融渠道调节国际收支波动效用的国别差异

从贸易渠道和金融渠道对中美两国的国际收支短期波动影响的方差分解结果看,金融因素对中国的国际收支短期波动的正向贡献影响比贸易因素要小,而对美国的国际收支短期波动的正向贡献影响相比贸易因素偏大,也就是说,相比贸易渠道,金融渠道在平抑美国的国际收支短期波动上发挥了更显著的效用,有效抑制了其国际收支的剧烈波动;而在平抑中国的国际收支短期波动上,金融渠道的抑制效用则相对偏弱,导致其对国际收支波动的冲击影响偏大。那么是什么因素影响了金融渠道在稳定中美两国的国际收支短期波动中的调节效用呢? 一般而言,一国外部净资产头寸变化受到本国金融市场发展水平、结构特点、金融深化和金融开放度等条件的制约,而这些因素无疑也会反过来作用于一国外部净资产头寸收益率,进而影响一国国际收支的整体波动。因此,我们认为可以从国家间的金融异质性视角,解释金融渠道在平抑不同国家的国际收支短期波动中效用出现差异的原因。

(一)金融异质性的来源界定与指标选择

目前对金融异质性的来源及衡量,国内外学术界尚未形成统一定论。"金融异质性"的衡量较早源于 IMF 在 2006 年的分类,它认为可以从传统银行中介指数、以直接市场工具为代表的新金融中介指数(如资产支持证券程度和衍生金融工具市场程度)和一般金融市场特征指数(如股市市值和债市市值)三方面,对一国金融市场发展差异进行衡量。门多萨等(Mendoza 等,2007)运用钦尼等(Chinn 等,2007)提出的 Kaopen 指数衡量金融开放度,私

营部门国内银行信贷(DCPS)指数衡量金融市场发展水平,研究异质性金融市场对一国经常账户波动的解释力。格鲁伯等(Gruber 等,2009)提出包括私人信贷/GDP、股票市场交易额/GDP、银行资产/GDP、非银行资产/GDP 等衡量金融异质性的指标,研究其对经常账户波动的影响。雷达等(2009)则提出用私人信贷率等四个指标衡量金融发展水平及其对一国国际收支波动的影响。

综合现有研究,并将能够反映一国金融发展特点的各个指标进行归纳和筛选,本节得到了三个金融维度:金融市场结构、金融流动性和金融开放度,来衡量国家间金融发展的异质性,并以其为范围选择门限变量。最终本节选用国内私营部门银行信贷额占 GDP 比重(DCPS)、权益证券投资组合净流入占 GDP 比重(PNI)[①],及一国中央银行的总储备占 GDP 比重(TR)变量[②],分别代表一国金融市场结构变量,并将其作为衡量金融渠道对一国以贸易和金融流出入综合波动为核心内容的国际收支波动影响差异的门限变量;用银行贷存比(CD)代表一国金融流动性变量,作为衡量金融渠道影响国际收支波动差异的门限变量;用 Kaopen 指数(Kaopen)代表一国金融开放度变量[③],作为衡量金融渠道影响国际收支波动差异的门限变量。

---

① 权益证券投资组合包括除记录为直接投资以外的股权证券,即股权、股票、存款收据等。数据来源于世界银行数据库。

② 中央银行的总储备为一国持有的货币黄金、特别提款权(SDR)、IMF 持有的 IMF 成员国的储备以及当局控制下的外汇储备资产。数据来源于世界银行数据库。

③ Kaopen 指数是由 Chinn 和 Ito 编制的一种衡量一国资本项目开放程度的方法和指标,见 http://web.pdx.edu/ito/Chinn-Ito_website.html。

（二）数据选择与门限模型的设定

以本书第二章有关金融发展、金融渠道与国际收支综合程度关系的理论分析的式(2.12)，对影响一国国际收支短期波动因素的变量设定为基础，首先分别用代表金融市场结构、金融流动性与金融开放度的变量作为门限，设计面板门限回归模型，具体如下。

$$fca_{i,t} = \beta_1 \Delta ca_{i,t} + \beta_2 \varepsilon_{i,t}^g + \beta_3 e_{i,t} + \beta_4 CPI_{i,t} + \beta_5 r_{i,t} + u_{i,t} \quad (4.4)$$

在该模型中，$fca_{i,t}$ 为被解释变量，表示 i 国 t 时期的综合国际收支波动程度；核心解释变量为外部净资产收益率 $r_{i,t}$，表示 i 国 t 时期的外部净资产收益率；控制变量包括贸易调整渠道 Δca、财富增长率波动值 ε^g、取对数的名义汇率 e、物价指数 CPI。需要说明的是：之所以选择汇率作为控制变量，是考虑到虽然汇率对一国国际收支波动的影响集中在长期；但短期情况下汇率仍或多或少对一国国际收支波动有影响，因此需要控制汇率波动对一国国际收支总体波动的影响效应。此外，本节利用与方差分析相同的计算方法和公式：$NFA_{t+1} = R_{t+1}(NFA_t + NX_t)$，计算各国的外部净资产收益率。

其次，选择 1981—2011 年 G20 成员方的指标年度数据为样本[①]，进行门限分析。本节所选样本包括 G20 内部 18 个国家 31 年的 558 组指标的 6138 个有效数据。之所以选择 G20 成员方为

[①]　本节主要选取 G20 中 18 个国家的指标数据，包括一国外部净资产指标在内的主要指标数据，来自 Lane 和 Milesi-Ferretti 构建的 EWN II 数据库及世界银行数据库，但需要指出的是：第一，由于 EWN II 数据库中俄罗斯的相关指标数据缺失，本节的样本国家不包括俄罗斯，同时欧盟作为一个地区不被纳入国别分析；第二，由于 EWN II 数据库中有关各国外部净资产的数据仅更新到 2011 年，见 http://www.philiplane.org/EWN.html，因此选择以 EWN II 数据库 1981—2011 年的各指标数据进行门限分析。

样本范围,原因有三:第一,G20 作为当前全球经济再平衡协调与治理的主要平台,其成员方具有代表性且相互间有金融异质性。目前 G20 成员方的经济总量占全球 GDP 总量的 90%左右,其总贸易额占全球贸易额的 80%左右,因此 G20 具有极大代表性,而且 G20 成员方既有世界主要发达国家,也有主要新兴工业化国家和发展中国家,经济发展差异带来的国家间金融发展差异显著存在,可以进行异质性的门限效应分析。第二,以 G20 为对象研究中国参与全球经济再平衡协调与治理的路径选择更具针对性。目前中国参与全球经济再平衡协调与治理的主要平台是 G20,2016 年中国在杭州承办了 G20 领导人峰会,研究 G20 框架下中国参与全球经济治理的不足和如何参与 G20 全球经济治理更具现实意义。第三,由于 EWN II 数据库仅有世界主要国家和地区的外部资产和负债数据,同时 5 个金融门限变量的数据通常仅有代表性大国和地区才有,因此考虑数据的可获得性,我们将研究范围界定在 G20 的成员方。

(三)金融异质性影响金融渠道调整国际收支波动效用的"门限"检验

汉森(Hansen,2000)提供了一个渐进分布理论,以建立待估参数的置信区间,并运用 bootstrap 方法检验门限值的显著性,进行面板门限回归分析的方法。我们利用这一方法分别从金融市场结构、金融流动性和金融开放度三个方面进行门限分析,研究金融渠道对一国国际收支短期波动的调节是否受到金融异质性的"门限"效应影响。

1.金融市场结构差异对金融渠道调整国际收支波动效用的影响检验

不同的金融市场结构意味着不同经济体的金融市场能够吸引的资本种类和资本来源是有差异的,这使得金融渠道能发挥的调整效用不同。本节根据中国金融市场中的融资模式主要特点,选用国内私营部门银行信贷/GDP、权益证券组合投资净流入/GDP和总储备资产/GDP 等变量,作为评价金融体系中直接融资和间接融资的相对地位及货币当局的金融资源集中度指标。然后分别以这些指标作为门限变量,分析基于金融市场结构的收益率对一国国际收支调整影响的"门限"效应。具体的回归结果如表4-5所示。

(1)国内私营部门银行信贷/GDP 对金融渠道调整效用的门限效应

首先,从表4-5中以国内私营部门银行信贷/GDP 变量为门限变量得到的回归结果看,在 1% 的显著性水平上,贸易渠道(Δca)与财富增长率波动(ε^g)对一国综合的国际收支波动程度($fca_{i,t}$)产生显著正影响,这说明一国经常账户与经济增长率导致其外部收支产生同向波动:若一国经常账户偏离均衡水平 1%,其外部收支在短期内同向偏离 0.44%;若其经济增长率偏离均衡水平 1%,其外部收支同向波动 1.74%。相比而言,一国名义汇率(e)与物价指数(CPI)对其综合的国际收支波动程度($fca_{i,t}$)的影响并不显著,这可能是因为本节剔除了变量的长期趋势影响,只考虑金融渠道对一国国际收支短期波动的影响,而在短期情况下,一国货币汇率的变动幅度通常非常小,其产生的估值效应几乎可以忽略不计,也导致其对自身国际收支调节的影响

表4-5 基于金融市场结构的国际收支调整的门限效应

门限检验伴随概率 p 值

	国内私营部门银行信贷/GDP（DCPS）门限值：0.25和0.52			权益证券组合投资净流入/GDP（PNI）门限值：-0.0230和0.1410			总储备/GDP（TR）门限值：0.034		
	0.0067、0.0400			0.0367、0.0733			0.0767、0.1967		
解释变量	系数	p 值	解释变量	系数	p 值	解释变量	系数	p 值	
Δca	0.4424*** (0.0248)	0.0000	Δca	0.4406*** (0.0249)	0.0000	Δca	0.4387*** (0.1029)	0.0000	
ε^g	1.7361*** (0.5850)	0.0031	ε^g	1.6231** (0.6493)	0.0127	ε^g	1.4485** (0.5327)	0.0305	
e	0.0157 (0.0212)	0.4600	e	0.0049 (0.0075)	0.5141	e	−0.0041 (0.0115)	0.7201	
CPI	0.0014 (0.0082)	0.8648	CPI	0.0001 (0.0018)	0.9635	CPI	−0.0010 (0.0017)	0.5501	
r (DCPS<0.25)	0.8783*** (0.2492)	0.0005	r (PNI<−0.0230)	0.2081* (0.1181)	0.0786	r (TR<0.034)	−0.2830 (0.2019)	0.1615	
r (0.25<DCPS<0.52)	0.3606** (0.1802)	0.0459	r (−0.0230<PNI<0.1410)	−0.0055 (0.0116)	0.6370	r (0.034<TR)	0.0129** (0.0070)	0.0667	
r (DCPS>0.52)	0.0058 (0.0320)	0.8562	r (PNI>0.1410)	0.2462 (0.2539)	0.3326				

注：本表的被解释变量为一国综合的国际收支波动程度（$fca_{i,t}$），在"门限检验伴随概率 p 值"一栏中，前者表示"H_0：不存在门限，H_1：存在一个门限"，后者表示"H_0：存在一个门限，H_1：存在两个门限"；Bootstrap 自举次数设置为300。***、**、* 表示在1%、5%、10%的水平上显著。

系数非常小,而这也验证了汇率变动在短期情况下对一国的国际收支调节影响确实偏小。而此后不同情况下的回归结果显示:上述四个控制变量对一国包括贸易收支和金融收支波动的综合国际收支波动程度($fca_{i,t}$)的影响系数及性质基本一致,这也一定程度说明了本书的回归结果较为稳健可信。

其次,我们将重点讨论在金融异质性影响下,外部净资产收益率对一国综合的国际收支调节影响的"门限"效应。表4-5显示作为核心解释变量的净资产收益率(r),对一国综合的国际收支波动($fca_{i,t}$)的影响,结果显示存在两个显著性门限值(0.25与0.52)。根据这两个门限值,其影响过程可以分为三个阶段:第一阶段:DCPS<0.25,此时净资产收益率r对一国综合的国际收支波动的偏回归影响系数为0.88,且显著;第二阶段:0.25<DCPS<0.52,此时净资产收益率r的偏回归影响系数为0.36,且显著;第三个阶段:DCPS>0.52,此时净资产收益率r对一国综合的国际收支波动的偏回归影响系数降为0.006,且不显著。这说明随着一国私营部门银行信贷的增加,金融渠道对国际收支调节的正向作用也显著降低。而1981—2011年中国的该项指标均值为0.91,处于第三区间,美国的年均值仅为0.51,处于第二区间,因此中国金融渠道的调节效用小于处于第二区间的美国的金融渠道效用。造成这一差异的原因可能是:中国的融资结构以国内银行间接融资为主,私营企业主要通过国内信贷市场缓解自己的资金需求,融资渠道"一枝独大"使其对外部投资的依赖性偏低,难以将国内资本大量输出寻找外部高收益资产,形成的外部净收益回流偏少,抑制了金融渠道对中国的国际收支短期波动调节的贡献水平提升。

需要说明的是,相比其他两类门限变量(-0.0230和0.1410;

0.034),国内私营部门银行信贷/GDP 的门限值在第一阶段和第二阶段分别达到 0.25 和 0.5,跨度更大,这可能是因为:各国经济长期以来对银行信贷融资更为依赖,企业发展习惯于银行信贷支持,这会使外部净资产收益率对一国国际收支调整的作用常常稳定在一个固定的水平,如果要使外部净资产收益率对国际收支调整的作用发生改变,即从 0.25 增加到 0.5,所需要的时间相对更为持久,同时也由于这一原因,在不同门限水平下,私营信贷支持对一国国际收支调整的影响程度相对更高。

(2)权益证券组合投资净流入/GDP 对金融渠道调整效用的门限效应

表 4-5 的门限显著性检验结果显示:权益证券组合投资净流入存在两个门限值。据此可以将其影响过程分为三个阶段:第一阶段:PNI<-0.0230。当权益证券组合投资净流入占比小于-2.3%时,表示该国的权益类证券组合投资为净流出,净资产收益率 r 对一国综合的国际收支波动的偏回归影响系数为 0.2081,且显著;第二阶段:-0.0230<PNI<0.1410,此时 r 的偏回归影响系数下降为-0.0055,且其显著性明显降低;第三阶段:PNI>0.1410,r 的偏回归影响系数为 0.2462,且不显著。从这一结果可知,随着权益证券组合投资净流入的增加,金融渠道对一国国际收支波动的调节方向可能发生逆转:当一国权益证券组合投资门限变量数值处于第一区间时,如美国为-0.0232,即其权益证券组合投资表现为净流出,净资产收益率的上升将导致一国的国际收支向正的方向调整,而美国也正是依托其国内高度发达的金融市场和世界货币美元,将借入的债务转化为权益类投资流出,实现了对外投资的高收益。当一国权益证券组合投资门限变量数值处于第二区间时,

如中国为0.0196,此时金融渠道的调节起到相反作用,导致外部国际收支向负的方向调整。这一门限变量存在的原因可能是:当国内股权权益证券组合投资占GDP比重为负值时(第一区间),代表资本净流出,对外投资收益率上升会导致大量资本收益回流,对外部的国际收支起到改善作用;而随着国内股权类权益证券组合占比增加并转为正值(第二区间),此时国内投资规模相对偏小,国内收益率高于国外收益率,使外部投资大量流入本国,导致收益净流出,使国际收支恶化;当国内股权类权益证券组合占比进一步扩大,流入国内资本增加,国内投资收益率下降,逐步小于对外投资收益率,这会导致回流的资本收益大于流出的资本收益,使一国的国际收支波动反转为改善,从而使一国向外部经济再平衡方向发展。

(3)总储备资产/GDP对金融渠道调整效用的门限效应

表4-5中的门限显著性检验结果显示,总储备资产/GDP变量存在一个门限值0.034,影响金融渠道对国际收支的调节作用:当央行的总储备比GDP值小于0.034时,外部净资产收益率对一国国际收支调整影响的偏回归系数为-0.28,说明外部净资产收益率增加会导致一国国际收支向逆差的方向发展,但这种影响不显著,不能确定其影响性质;当央行的总储备值比GDP值大于0.034时,外部净资产收益率影响的偏回归系数为0.0129,且在5%水平上显著,说明央行的储备占比越高,外部净资产收益率的增加越有利于其国际收支的改善。这可能是因为:央行储备对一国外部收支波动的调整是逆周期的,总储备资产越多意味着一国货币当局能够利用的金融资产资源越多,其利用政策手段调节其国际收支的能力越强,表明该国货币当局在国际收支恶化的同时,

能及时利用自身储备辅助金融渠道的调节效用,提升金融渠道的调整能力,从而越能抑制其国际收支的短期波动。以中美两国为例,目前中国人民银行的总储备占 GDP 的比重平均高达 14%,远高于美国 2%的平均水平,即中美两国的该指标值分别处于门限效应的第一和第二区间。此外,金融调整渠道对两国的国际收支波动的影响截然不同:对美国经济而言,净资产收益率的提高将导致其对外收支向负的方向波动(-0.2830),后者则会使对外收支向正的方向波动(0.0129)。

2.金融市场流动性与金融开放度差异对金融渠道调整效用的影响检验

与金融市场结构变量的影响相似,不同国家金融市场流动性与金融开放度的差异,也会导致金融市场吸引的资本种类和来源不同,进而影响金融渠道的调整国际收支效应。接下来本节将用银行存贷比替代金融市场流动性,用 Kaopen 指数替代金融开放度,作为门限变量,实证分析一国外部净资产收益率对其国际收支的调整是否受到金融市场流动性和金融开放度变量的门限影响(见表4-6)。

表4-6 金融市场流动性与金融开放度的门限效应

银行贷存比(CD)门限值:0.76			金融开放度(Kaopen 指数)		
门限检验的伴随概率 p 值					
0.0067、0.3400			0.3533		
解释变量	系数	p 值	解释变量	系数	p 值
Δca	0.4411*** (0.1008)	0.0000	Δca	0.4401*** (0.1031)	0.0000

续表

银行贷存比（CD）门限值:0.76			金融开放度（Kaopen 指数）		
门限检验的伴随概率 p 值					
0.0067、0.3400			0.3533		
解释变量	系数	p 值	解释变量	系数	p 值
ε^g	1.6522***(0.6380)	0.0099	ε^g	1.4891**(0.6820)	0.0294
e	-0.0059(0.0093)	0.5261	e	0.0090(0.0084)	0.2819
CPI	-0.0001(0.0015)	0.9569	CPI	-0.0002(0.0016)	0.9089
r (CD<0.76)	0.5072***(0.1722)	0.0034	r	0.0108(0.0072)	0.1322
r (CD>0.76)	0.0092(0.0071)	0.1941			

注:由于金融开放度变量对金融渠道对一国国际收支调整的影响不存在门限效应,本表右侧给出的是固定效应面板回归分析结果。***、**、* 表示在1%、5%、10%的水平上显著。

首先,由表4-6中银行存贷比门限效应分析的伴随概率可知,外部净资产收益率对一国国际收支波动的影响在1%水平上显著存在一个"门限"效应,该门限值为0.76,对应的 p 值为0.0067;当一国的银行贷存比低于0.76时,外部净资产收益率对一国国际收支波动的偏回归影响系数为0.51,且在1%水平上显著;当银行贷存比高于0.76,外部资产收益率对一国国际收支波动的影响系数迅速减少为0.01,且其显著性降低。具体到中美两国,目前中国的银行贷存比指标值平均为2.74,远高于美国的该指标平均值0.7,二者分列门限值的两端,这也使得金融渠道对中国的国际收支波动的调节效用难以真正发挥,影响程度远小于美国的金融渠道调节效用,且不显著,而这也进一步证实对银行融资依赖度偏高会抑制金融渠道调节国际收支波动的效用。

其次,本节对金融开放度是否存在影响门限值进行检验。该门限分析的原假设为不存在门限,备择假设为存在单一门限,而门限分析的结果显示其 F 统计量为 0.7287,伴随概率为 0.3533,这表明金融开放度对外部净资产收益率的收支波动调整影响没有显著门限效应,且其影响偏小和不显著(0.01)。这可能是因为:第一,本节只考察金融渠道对一国国际收支短期波动的影响,主要变量的时间趋势影响被剔除了,而金融开放更多表现为是一种长期的结构性因素,更趋于对金融渠道影响国际收支波动的长期趋势产生作用。第二,金融开放度主要衡量一国对跨境资本流动和金融交易的限制程度,更多表现为影响跨境金融交易能否便利进行,不会直接影响外部资产和负债的收益率,难以对金融渠道调节效用产生较大影响和差异效应,因此门限效应不存在。

三、主要结论

本节在构建衡量一国综合的国际收支短期波动变量 fca_t 的基础上,利用方差分解法比较了以进出口为主的贸易渠道和以外部净资产收益率为主的金融渠道,对一国国际收支短期波动调节的效用差异,并从金融异质性视角,解释了金融渠道在调整国际收支波动时效用差异形成的原因。主要结论如下。

第一,金融异质性对金融渠道调节一国国际收支波动有显著"门限"效应影响,是导致中美两国金融渠道调节国际收支的波动效用出现差异的重要原因,但不同领域金融异质性影响的显著性有差异。金融异质性对金融渠道调节一国国际收支波动的效用具有非线性影响,不同的金融发展水平会使金融渠道对一国国际收支波动的调节产生巨大差异。其主要表现为金融市场结构和金融流动性差异对金融渠道调节国际收支波动的门限影响十分显著,即在以间接融资为主体的金融体系中,金融渠道调节国际收支波动的效用显著弱于在以直接融资为主体的金融体系中的调节效用,高度依赖银行融资的中国需要适当调整金融体系结构,完善直接融资市场,降低对银行融资体系的依赖程度。而金融开放差异短期难以显著影响金融渠道调节国际收支波动的效用,中国应审慎通过金融开放提升金融渠道调节国际收支波动的效用。

第二,短期内注重从金融渠道调整中国的国际收支波动,强调对外投资收益的提升。目前中国的权益证券投资组合占比偏小,对外投融资能力也相对偏低,"金融迂回"效应在中国还不十分显著[①],这些导致了金融渠道对中国的国际收支短期波动的调节效用还相对偏低,调节更多集中于对出口的抑制。因此一方面在必要的资本管制前提下,引导资本投向国外优质资产,尤其是高收益类证券资产,增加对外投资净收益,发挥金融迂回带来的收益率效应。另一方面应加强以金融渠道参与 G20 框架下的全球经济再平衡协调与治理,在 G20 评估指标体系中逐步引入金融领域的经济波动评估指标,减轻贸易渠道的调整压力。

第三,保持充足官方储备有利于提升金融渠道调节国际收支波动的效用。官方储备对一国外部收支波动的调整是逆周期的,私人储备则是顺周期调节,因此相比分散在私人部门,外汇资产集中于政府储备更有利于平抑中国外部收支的波动。中国应实施必

---

① 所谓金融迂回,是指本国官方储备形成对外债权,这些债权再以股权对外投资的形式回流中国,改善对外投资收益,实质是引入国外成熟的金融体系和增加对外投资净收益。

要的资本流出管制和兑汇限制,继续保持自身官方储备充足,同时需重视官方储备资产的管理和使用效率,降低其使用成本,提升其对外投资收益率,实现外汇储备的超额收益净流入。

第五章　中国参与全球经济再平衡协调与治理的利益影响及可能趋势

目前,国内外学术界已经对包括中美贸易不平衡在内的中国的国际收支不平衡的原因、特征、影响、本质以及主要策略展开了重点研究(麦金农与邹至庄,2005;Feenstra 等,1998;陈宝森,2003;沈国兵,2004)。但国内外学术界对中国的国际收支波动的治理、可能的利益影响以及中国参与全球经济再平衡协调与治理的可能发展趋势研究较少,需要我们开展一定的深入研究。

第一节　中国参与全球经济再平衡协调与治理的利益影响

一、中国在国际收支顺差扩大中的利益分析

中国对外贸易顺差主要集中在货物贸易顺差,根据中国国家统计局 2018 年发布的国民经济与社会发展统计公报的统计,中国全年货物出口额高达 164177 亿元人民币,实现贸易顺差 23303 亿

元人民币,中国从对外货物贸易顺差中获得收益资本的净流入是中国收益的来源之一。而且通过引入外商直接投资也确实使中国获得了经济利益的增加,并为中国经济增长提供了持久的动力。因此,对于中国从外部贸易顺差的利益得失,需要辩证看待。目前,这类收益分配格局主要具体表现在以下四方面。

第一,中国的制造大国优势和获益来源主要集中在加工装配制造生产环节,获得的实际经济收益比实现的贸易顺差小得多。自2010年起,中国正式成为世界制造业第一大国,无论是制造业生产总额还是出口总额,都居于世界首位,这与长期外商对华制造业直接投资带来的产业转移密切相关,制造业产品的贸易顺差贡献较大。但是,在改革开放四十多年来中国制造业的出口贸易发展中,中国、美国及欧洲地区和其他东亚经济体通过全球性垂直分工及其建立的全球价值链,建立了美国及欧洲地区主要从事研发创新和市场进口环节,中国主要从事一般零部件和加工装配产品生产环节,日本、韩国及东盟部分国家和地区主要从事核心零部件生产环节的"三元"贸易模式。虽然,中国通过长期的加工装配生产环节的技术学习,得到了技术外溢和技术转移的积极效应,但中国内地的制造类产品的技术创新含量并不高,"中国制造"并没有真正形成"中国智造",核心的收益都被美、欧等发达国家和地区,以及日、韩等其他东亚经济体实际获得。

第二,中国在服务贸易和外商在华直接投资企业的投资收益中出现的收益净流出,也使中国实际的净获益并不如货物贸易顺差数字显示的那么大。虽然,中国在对外货物贸易上呈现顺差,但对外服务贸易却呈现逆差和收益净流出。因此,中国在服务贸易上的资本净流出,使中国的总体贸易顺差并不像中国货物贸易收益显示的那么大。

第三,中国从金融和资本市场中的利益损失也显著存在。中国在对外的国际收支差额扩大中,除了实现货物和服务贸易的利益得失之外,各国金融市场及金融发展水平的差异,使得在贸易顺差存在的同时,各国之间的金融和资本流动不平衡问题同时存在。例如,中国在通过持续的出口获得贸易盈余的同时,大量的贸易盈余转化的外汇储备,被用于购买美国政府的国债,同时中国的民间资本开始利用美国发达的金融市场进行投资,造成资本从中国向美国市场的回流,而金融领域的利益流出也使中国的实际收益并没有那么大。

第四,中国在环境、资源和能源领域的实际损失,也显著存在。20 世纪 80 年代以来,在跨国公司对外直接投资和全球产业转移的指引下,中国开始主要从事劳动密集型和资源消耗型的生产环节,但由于长期的技术模仿和高消耗投入的生产模式,使中国的碳排放、废水排放和能源消耗等问题的负面影响不断扩大。同时,据《中国统计年鉴 2018》的统计,2005—2017 年中国全社会废水排放总量从 525 亿吨增加到 699.6 亿吨,生活垃圾清运量从 15509.3 万吨增加到 21520.9 万吨,2012—2017 年中国地震灾害发生次数总计 88 次,比 2005—2011 年的总次数多了 7 次。环境的恶化与能源的大量消耗,对中国的外部经济发展产生负外部效应,使中国的可持续发展存在一定潜在隐患。

二、中国调整国际收支的可能利益影响

(一)减少对外贸易顺差对中国货物贸易的利益影响

首先,从中国对外贸易顺差的商品结构看,第 7 类商品机械及

运输设备将成为首要减少出口的制成品,而在第7类商品中,第764类电信设备商品又势必成为出口减少的第一大制成品,因此,其首先使中国的电信等通信制成品行业的出口收益受损。同时,由于中国的第7类商品的中间产品主要来自日本和韩国等经济体,减少中国对外的第7类商品出口,势必减少中国对日本、韩国的中间品进口,将导致中国与这些经济体的贸易联系也会降低,不利于中国增强自身对这些经济体的地区和经济影响力。

其次,减少中国对外贸易顺差,将主要影响第8类制成品行业的实际收益。第8类制成品主要是劳动密集型初级制成品,包括家具类制成品、玩具和体育类制成品等主要由中国内部企业生产的商品,这些制成品的进入门槛较低、技术创新能力要求低、劳动力需求量大,因此,第8类制成品主要由中国的内资企业生产和制造,出口的实际收益由这些内资企业完全获取,而第8类制成品出口的减少,将会主要影响中国国内企业的利益,影响其制造业创新水平和实际收益的提升,这是中国调整对外贸易顺差的核心收益损失。

(二)减少对外贸易顺差对中国就业的利益影响

减少对外制成品贸易顺差不可避免要减少两类贸易顺差:其一,减少中国劳动密集型加工装配类制造类产品生产,改变目前中国以加工装配类产品为主的生产模式;其二,减少外商投资企业在华生产和对外制成品出口。无论是哪一类出口调整,都会对中国国内的低技术水平劳动力就业造成负面冲击。当前的中国国情是劳动力供给数量仍然偏大,内、外资企业吸收的劳动力以低技术和低技能为特征。因此,一旦调整中国对外出口,势必会减少企业对加工装配类的劳动力的吸收,同时,外资企业的引入类型也将逐步升级调整至创新型技术类企业,对高技术创新型人力资源的需求将逐步增多,并导致低技术和低技能的劳动力就业减少,向金融服务业、生产性服务业、商业服务业和高技术服务业的就业转移增多,产生更多摩擦性失业和结构性失业。

(三)调整对外贸易顺差将会影响中国的产业结构升级

减少对外加工装配类贸易顺差的根本路径是实现从制造大国向制造强国的转变,使中国真正获得制造类商品出口和贸易顺差的核心收益。而这种调整会对中国的利益产生三方面影响:其一,从制造大国向制造强国的转变,需要中国加快提升制造业生产标准、质量要求和品牌需要,并与国际标准接轨,使中国付出一定的转型成本和代价;其二,从制造大国向制造强国的转变,会使中国在全球价值链中主要从事的环节从加工装配向核心创新转移,使中国与发达国家和地区的贸易从原有的互补型的贸易模式转变为竞争型的贸易模式;其三,从制造大国向制造强国的转变,会使中国获得创新环节的高收益,改变中国从对外贸易顺差中的实际获益。

(四)调整对外贸易顺差对中国金融业发展提出新要求

中国的国际收支调整绝不仅仅是对贸易收支的单方面调节,中国还需要增加自身在金融领域的实际获益,提高中国金融业和金融市场的发展水平。首先,短期内将制造业资源向金融业的转移可能使中国付出较大的调整成本。长期以来,制造业的发展和出口扩大给中国带来了巨大的贸易顺差收益,也为中国吸收了大量劳动力,如果将产业重心从制造业向金融业转移,会使中国现有的制造业结构发生改变,国内失业问题更为严重,"脱实向虚"的趋势将使中国承担巨大的调整成本(刘威,2014)。其次,长期内金融业和制造业的共同发展,将使中国成为新的全球资本流入中心,也会使中国的"人民币国际化"进入实质性扩大环节,增加中国从金融市场的实际获益,并为中国经济的持续、快速增长提供充足的动力。

(五)调整对外贸易顺差可能对中国制造业出口收益产生的影响

中国对外贸易顺差的核心主要来自制造业对外贸易顺差,因而贸易顺差的调整不可避免地会对中国制造业的外部贸易顺差进行治理,而这也将对中国制造业的贸易收益产生影响,那么目前中国制造业出口收益究竟集中在哪些领域,制造业对外贸易的调整究竟会给中国收益造成什么影响,需要我们进行深入研究。本节尝试从中国制造业出口收益测度和影响因素的视角,就出口贸易的调整对中国制造业出口收益的影响进行解析。

1. 中国制造业出口收益的理论测度

(1)测度一国相对出口收益的理论模型

本节主要参考罗德里克等(Rodrik 等,2007)与霍斯曼等(Hausmann 等,2007)提出的方法,用一国行业的相对出口收益指标衡量其出口收益,以及其在国际市场上的相对出口地位。其理论依据是:以一国的收入水平高低评价其出口复杂度,进而衡量其出口收益高低。该指标主要从生产率方面衡量一国在某一行业内出口的相对获益能力,反映了一国在某个行业的出口收益对世界范围内该行业平均出口收益的影响程度,其指标值越大,该国在相应行业的出口获利能力越强。

罗德里克等(Rodrik 等,2007)与霍斯曼等(Hausmann 等,2007)提出的衡量一国某一行业的相对出口收益比重指标,是一个衡量一国相对出口收益的指标,它是以一国人均国民收入在样本国家的国民收入中的贡献度,衡量其相对出口收益,一国在样本国家中的相对收入越高,出口的产品质量越高,相对收益越高。其指标构建分为三步:第一步,构建衡量一国出口产品比较优势的指标;第二步,以一国人均国民收入为基础,建立任一出口产品在样本国家范围内的加权平均后的出口收益指数;第三步,在前两步指标的基础上,建立一国具体行业的相对出口收益指标。过程如下。

首先,假设样本国家由 m 表示,即设定任意一国为 m 国,其对外出口总额为 X_m,在其国内有 s 类不同产品、n 类不同行业,N_i 表示 n 行业内有 i 类产品。在此基础上,需先构建显性比较优势指标(RCA),以其为基础衡量一国产品出口在该类产品的样本国的出口中的比较优势。

$$RCA_{ms} = \frac{x_{ms}/x_m}{\sum_m x_{ms}/x_m} \tag{5.1}$$

在上式中,$x_m = \sum_s x_{ms}$,其中,X_m 表示 m 国所有 s 类型产品的出口总额,X_{ms} 表示 m 国第 s 类产品的出口总额,该式以 m 国内 s 类产品出口在 m 国所有产品出口中的比重,占所有国家该类产品的比重之和比值,衡量 m 国在 s 类产品上的显示性比较优势。

其次,设计衡量一国出口收益程度的指标 EPI_s,用 EPI_s 表示

一国出口的 s 类产品的出口收益指数,该指数是以该国 s 产品的显示性比较优势指数及其人均国民收入为基础,其中,先以式(5.1)为基础,对 m 国 s 商品的显示性比较优势进行加权计算,具体用其值除以 m 国同类商品的显性比较优势之和,得到 s 商品的相对显示性出口优势指数 R_{ms} 。

$$R_{ms} = \frac{RCA}{\sum_m RCA_{ms}} \qquad (5.2)$$

再次,假设 m 国的人均国民收入指标为 Y_m ,并以 R_{ms} 为基础,得到产品 s 的总体出口收益指数,设为 EPI_s 。计算公式如下。

$$EPI_s = \sum_m R_{ms} Y_m \qquad (5.3)$$

最后,在产品 s 的出口收益指数 EPI_s 的基础上,设计衡量 m 国的行业出口收益的具体指标,具体分为两个步骤:第一步,以产品 s 的总体出口收益指数为基础,构建行业 n 的样本国家的加权平均出口收益指标 LAE_{wn} ,见以下方程式。

$$LAE_{wn} = \sum_{s \in Ni} \left(\frac{x_{wns}}{x_{wn}} EPS_s \right) \qquad (5.4)$$

在上式中, x_{wns} 代表在所有样本国家的行业 n 的 s 产品出口总额, X_{wn} 代表所有样本国家的行业 n 的产品出口额,二者之比表示行业 n 内所有产品 s 的出口额占行业 n 在样本国家范围内的出口总额的比重,以其作为该国产品 s 能否分得所有样本国家平均出口收益的衡量权重,其中,在 N_i 表示 n 行业内有 i 类商品的情况下,可得 $x_{wn} = \sum_m \sum_{s \in Ni} x_{ms}$, $x_{wns} = \sum_m x_{ns}$ 。

第二步,以行业 n 的样本国家加权平均出口收益指标 LAE_{wn} 和产品 S 的总体出口收益指数 EPI_s 为基础,设计某一个国家 m 在

行业 n 的样本国家平均出口收益中获得的利益比重,以这个比重表示单个出口方从样本国家总出口收益中获得的相对利益比例,即相对出口收益。公式如下。

$$LAE_{wmn} = \frac{\sum\limits_{s \in Ni} \dfrac{X_{wns} R_{ms} Y_m}{x_{wn}}}{LAE_{wn}} \times 100\% \qquad (5.5)$$

总的来说,上述方程式是衡量一国相对出口收益的最终测度方程式,它反映了一国的出口收益水平与其国内收入水平具有同步性,即以一国的人均国民收入为基础,衡量其出口相对收益,一国的人均国民收入越高,出口产品的质量和技术水平越高,使其能从样本国家的总收益中获得的相对收益比重越高。这种测量方法将一国的行业出口收益与其宏观经济因素——国民收入影响相联系,从收入的角度测度了一国的相对出口收益。

（2）数据解释与测度方法

本节主要选择 G20 框架下的 42 个国家为总的样本国家范围①,以其为基础测度中国的相对出口收益指标,之所以选择 G20 框架下的 42 个国家,原因主要有二:其一,G20 作为当今全球经济治理的主要机制和平台,其成员国的经济总量（GDP）占全球 GDP 的 90%,G20 的总贸易额占全球总贸易额的 80%,这些经济数据说明 G20 国家已具有很强的代表性;同时 2016 年中国在杭州主持举办 G20 领导人峰会,G20 已经成为中国参与全球经济再平衡协调与治理的主要途径,因此,我们需要研究中国在 G20 框架下的相

---

① 样本国家包括:阿根廷、澳大利亚、奥地利、玻利维亚、巴西、保加利亚、加拿大、中国、克罗地亚、塞浦路斯、捷克、丹麦、爱沙尼亚、芬兰、法国、德国、希腊、匈牙利、印度尼西亚、爱尔兰、意大利、日本、韩国、拉脱维亚、立陶宛、马耳他、墨西哥、荷兰、波兰、葡萄牙、罗马尼亚、俄罗斯、沙特阿拉伯、印度、斯洛伐克、斯洛文尼亚、南非、西班牙、瑞典、土耳其、英国、美国。

对出口收益。其二,G20中的国家既包括有代表性的发达国家,如美国,英国、德国、法国等;也包括新兴工业化国家(韩国等)与发展中国家(中国、印度等),因此,G20包括了世界上的主要顺差方和逆差方,可以以其为样本国,衡量中国在G20范围内的相对出口收益和实际出口地位。

本节在式(5.5)的基础上,测度中国制造业的相对出口收益,根据该方程的构成过程,一国的相对出口收益指标是在其具体产品的出口额基础上建立的,因此,本节在测度中国制造业相对出口收益指标时,主要使用了BACI数据库中2000—2015年间中国制造业范围内的产品层面数据①,目前,该数据库主要采用《海关编码及协调制度》(HS)六分位产品编码进行统计,因此,G20成员方的HS92六分位产品数据共有2129949个。但本节的测度主要是在行业基础上进行,需要将具体产品出口数据与中国的具体行业进行匹配,得到具体行业的出口额。因此在这些产品层面数据的基础上,本节遵循以下步骤进行产品数据与行业的匹配:第一,结合测度式(5.1)、式(5.2)和式(5.3),利用BACI数据库中依据HS92六分位的方法分类统计的5000余种产品的出口额,计算中国各种具体产品的总体出口收益指数EPI_s。第二,将HS92六分位产品代码与中国的《国民经济行业分类与代码(GB/T4754—2002)》(简称GB)的行业分类代码进行匹配,以使HS92六分位产品能按照GB行业分类分配到各个行业中。具体的产品与行业匹配方法是:首先,依据BACI数据库提供的"HS92—SITC Rev.3.0对照表",将HS92六分位产品分类码与《国际贸易标准分类》(SITC Rev.3.0)五分位产品分

---

① BACI中的进出口产品层次数据,主要是由World Trade Database提供原始数据,由CEPII进行数据处理后的产品数据。

类码对应;其次,依据盛斌(2002)提出的 SITC Rev.3.0 与《中国海关行业分类》(GB)对照表①,将 SITC Rev.3.0 产品分类代码和中国的 GB 两位数行业分类代码对应,从而使 HS92 六分位产品分类码与 GB 行业分类码进行匹配;最后,利用式(5.4)与式(5.5)计算得到样本国家的加权平均出口收益指标 LAE_{wn} 与一国的相对出口收益指标 LAE_{wmn}。在具体测度中,我们采用世界银行按照"图表集法"核算的人均国民收入(GNI)指标数据,表示中国的人均国民收入,整个计算过程用 STATA12.0 软件完成。②

(3)中国制造业分行业相对出口收益的测度

考虑到 2000—2015 年部分制造业具体行业的名称和分类存在变更,为了保持各行业能够进行产品数据匹配以及行业数据的连贯性。本节根据 GB 分类标准,选择了制造业内 26 个具体行业③,包括:(14)食品制造业,(15)饮料制造业,(16)烟草制造业,(17)纺织业,(18)纺织服装、鞋、帽制造业,(19)皮革、毛皮、羽毛(绒)及其制造业,(20)皮革、毛皮、羽毛(绒)及其制造业,(21)家具制造业,(22)造纸及纸制品业,(23)印刷和记录媒介复制业,(24)文教体育用品制造业,(25)石油加工、炼焦和核燃料加工业,(26)化学原料和化学制品制造业,(27)医药制造业,(29)橡胶制

---

① 盛斌:《中国对外贸易政策的政治经济分析》,上海人民出版社 2002 年版,第 480—494 页。

② G20 框架下制造业进出口涉及 1958878 个产品数据,具体对接目录未在文中列出。

③ 据中国《国民经济行业分类与代码(GB/T4754—2002)》分类标准,被划入制造业的行业共有 30 个(标号为第 13 到 43),但是在 2003 年以前,制造业内并没有工艺品及其他制造业(42)和废弃资源和废旧材料回收加工业(43)。同时,由于农副食品加工业(13)这一行业并不在盛斌于 2002 年提出的 SITC Rev.3.0 与 GB 对照表之中,因此无法进行 HS92 具体产品与 GB 行业的数据匹配。此外,化学纤维制造业(28)在 G20 国家范围内存在数据缺失的问题,同时,《国民经济行业分类与代码(GB/T4754—2002)》分类标准没有第 38 类产品,见 http://www.cstj.gov.cn/upload/newstxt/dmfl.html,因此本节也没有考虑这两个行业。

造业,(30)塑料制造业,(31)非金属矿物制品业,(32)黑色金属冶炼及压延加工业,(33)有色金属冶炼及压延加工业,(34)金属制造业,(35)通用设备制造业,(36)专用设备制造业,(37)交通运输设备制造业,(39)电气机械及器材制造业,(40)通信设备、计算机及其他电子设备制造业,(41)仪器仪表及文化、办公用机械制造业,测度每个行业的相对出口收益。同时,根据唐玲等(2009)对产业性质的分类方法:可以将上述 26 个行业划分为劳动密集型、资本密集型和技术密集型三类性质,其中,编号为 14、15、16、17、18、19、20、21 的制造业为劳动密集型行业,编号为 22、23、24、26、29、30、31、32、33、34 的制造业为资本密集型行业,编号为 25、27、35、36、37、39、40、41 的制造业为技术密集型行业。① 最终在式(5.5)的基础上,得到中国制造业各具体行业在 G20 总体中的相对出口收益值。具体结果如表 5-1 所示。

表 5-1　将 HS6 分位产品数据匹配 GB 分类后各行业相对出口收益

(单位:%)

GB ＼ 年份	2000	2001	2002	2003	2004	2005	2006	2007
14	0.2264	0.2298	0.2157	0.1807	0.1589	0.1518	0.1606	0.1613
15	0.0301	0.0338	0.0297	0.0241	0.0221	0.0195	0.0188	0.0182
16	0.0082	0.0130	0.0204	0.0185	0.0147	0.0135	0.0157	0.0107
17	0.3490	0.3803	0.4320	0.4717	0.4980	0.5639	0.6621	0.7297
18	1.2219	1.2901	1.2641	1.2658	1.1866	1.2985	1.4872	1.5741
19	1.7536	1.8949	1.9557	1.8918	1.7648	1.8616	2.0406	2.2030
20	0.2638	0.3067	0.3181	0.2923	0.2841	0.3114	0.3869	0.4034
21	0.3681	0.4341	0.5046	0.4991	0.5312	0.5781	0.6476	0.7791

---

① 唐玲:《国际外包率的测量及行业差异——基于中国工业行业的实证研究》,《国际贸易问题》2009 年第 8 期。

续表

年份 GB	2000	2001	2002	2003	2004	2005	2006	2007
22	0.0520	0.0601	0.0612	0.0643	0.0648	0.0714	0.0803	0.0948
23	0.1006	0.1186	0.1460	0.1555	0.1511	0.1628	0.1877	0.2312
24	1.2319	1.2873	1.4005	1.7309	1.4795	1.3745	1.5922	1.4842
25	0.0770	0.0854	0.0884	0.0951	0.1307	0.0600	0.0444	0.0526
26	0.1124	0.1228	0.1289	0.1247	0.1196	0.1320	0.1486	0.1767
27	0.0454	0.0379	0.0304	0.0299	0.0227	0.0214	0.0240	0.0299
29	0.0773	0.0773	0.0962	0.0958	0.1066	0.1293	0.1601	0.1943
30	0.2383	0.2629	0.2606	0.2484	0.2352	0.2407	0.2401	0.2626
31	0.2905	0.3521	0.3886	0.3790	0.3626	0.3943	0.4654	0.5016
32	0.1286	0.1025	0.1043	0.1140	0.1843	0.2165	0.3057	0.3826
33	0.1594	0.1648	0.1628	0.1953	0.2244	0.2401	0.2285	0.2528
34	0.2323	0.2671	0.2879	0.2914	0.2915	0.3121	0.3400	0.3788
35	0.0958	0.1103	0.1254	0.1305	0.1407	0.1434	0.1699	0.1964
36	0.0891	0.0942	0.0969	0.0926	0.0846	0.0954	0.1032	0.2820
37	0.0175	0.0189	0.0204	0.0236	0.0257	0.0302	0.0371	0.0433
39	0.2773	0.3166	0.3815	0.3886	0.3906	0.4083	0.4776	0.5379
40	0.2949	0.3711	0.5287	0.6571	0.7333	0.7404	0.7739	0.9814
41	0.3226	0.3730	0.4468	0.4882	0.5054	0.5049	0.5293	0.6047

年份 GB	2008	2009	2010	2011	2012	2013	2014	2015
14	0.1560	0.1667	0.2088	0.2532	0.2788	0.2807	0.2906	0.2971
15	0.0192	0.0215	0.0288	0.0345	0.0384	0.0428	0.0440	0.0470
16	0.0113	0.0123	0.0171	0.0173	0.0187	0.0310	0.0327	0.0411
17	0.9517	1.3573	1.6591	2.0490	2.3873	2.7699	3.099	3.2861
18	1.7776	2.2427	2.6141	2.9614	3.4093	3.7567	3.851	3.857
19	2.4854	2.8677	3.1814	3.1777	3.8671	4.0552	4.296	4.412
20	0.4684	0.5931	0.7281	0.8615	1.0550	1.0692	1.166	1.235
21	0.8596	1.0453	1.3289	1.4965	1.8466	2.0522	2.118	2.252
22	0.1218	0.1447	0.1657	0.2086	0.2549	0.2856	0.3291	0.364
23	0.2772	0.3404	0.4152	0.5293	0.6657	0.7742	0.8332	0.925
24	1.9125	2.1437	2.0408	2.4165	2.9499	3.2602	3.356	3.507

年份\GB	2008	2009	2010	2011	2012	2013	2014	2015
25	0.0666	0.0278	0.0348	0.0330	0.0253	0.0285	0.0383	0.062
26	0.2486	0.2392	0.3141	0.4358	0.4610	0.5121	0.5902	0.586
27	0.0476	0.0564	0.0730	0.0813	0.0915	0.1053	0.1060	0.099
29	0.2238	0.2604	0.2947	0.3677	0.4579	0.5420	0.6195	0.617
30	0.3062	0.3499	0.4163	0.4853	0.6264	0.7067	0.7872	0.854
31	0.5965	0.7337	0.8351	0.9923	1.1961	1.3222	1.445	1.547
32	0.5119	0.3556	0.4238	0.5221	0.6056	0.6718	0.9490	1.013
33	0.3332	0.2771	0.3577	0.4341	0.4188	0.5141	0.6351	0.595
34	0.4433	0.5092	0.5940	0.6900	0.8359	0.8943	0.9891	1.077
35	0.2287	0.2939	0.3343	0.4084	0.4976	0.5598	0.6119	0.649
36	0.3229	0.4045	0.5145	0.5633	0.4438	0.5104	0.5378	0.541
37	0.0617	0.0845	0.1195	0.1242	0.1419	0.1539	0.1784	0.186
39	0.6606	0.7964	0.9072	1.1078	1.2991	1.5165	1.556	1.603
40	1.1476	1.6154	2.2265	2.6661	3.2917	3.6651	3.84	3.772
41	0.7061	0.8797	1.0841	1.1790	1.3619	1.6196	1.642	1.512

从表5-1的结果看,中国制造业相对出口收益变动呈现出三个特点。

第一,中国制造业整体的相对出口收益份额虽然有增长,但在G20中,其比重仍低于美国等发达经济体的相对出口收益。从2000—2015年G20中42个国家制造业平均出口收益指标LAE_{wn}的演变看,其呈逐年递增的趋势,2000—2015年平均出口收益指标年均增长率达到5.59%,而中国制造业平均出口收益的年增长率(10.25%)虽然快于G20的出口收益(LAE_{wn})的增长速度,使中国在G20制造业中的相对出口收益(LAE_{wmn})逐渐上升,但增长速度缓慢且所占份额偏小,2015年中国的相对出口收益

（ LAE_{wmn} ）比重仅为 1.34%，与其相比，美国相对出口收益份额虽逐年下降，但其值在 2015 年仍为 4.89%，显著高于中国，因此中国从贸易顺差扩大中的实际获益相对偏少。

第二，从中国同一行业的不同年份相对出口收益的纵向比较看，主要行业在 G20 国家同行业中的相对出口收益虽然在增加，但增速差异十分明显。由表 5-1 的中国制造业各行业相对出口收益值可以看到：2000—2015 年各行业相对出口收益的年均增长速度均在-4.89% 到 19.31% 之间。其中，增速最快的是通信设备、计算机及其他电子设备制造业（40），年均增速高达 19.31%，这也使得 2015 年第 40 类行业的相对出口收益指标值达到 3.77%，比 2000 年的 0.29% 增加了 3.48 个百分点。而在 26 个行业中，仅有石油加工、炼焦和核燃料加工业（25）的年均增速为负增长，其他行业的相对出口收益均为正增长。

第三，从同一年份中国不同行业相对出口收益的横向对比看，相对出口收益偏高的行业主要集中在劳动密集型行业，技术和资本密集型行业在 G20 同类行业中的相对出口收益份额则相对偏低。以 2015 年为例，在中国制造业各具体行业占 G20 同类行业的相对出口收益中，收益份额最大的前五类行业分别是第 19 类（相对利益 4.41%）、第 18 类（3.86%）、第 40 类（3.77%）、第 24 类（3.51%）和第 17 类（3.29%），而美国在这五类行业上的相对出口收益在其制造业中的排名，则依次为第 25、26、20、19 和 9 位，此外，在中国这 5 个行业中，有 3 个行业主要出口劳动密集型产品，分别为皮革、毛皮、羽毛（绒）及其制造业（19）、纺织服装、鞋、帽制造业（18）、纺织业（17），劳动密集型行业是中国获得较高的相对出口收益的行业，与此同时，在美国的制造业中,相对出口收益最多的前五类行业分别是第 26 类化学原料和化学制品制造业、37 类交通运输设备制造业、41 类仪器仪表及文化、办公用机械制造、35 类通用设备制造业、36 类专用设备制造业,根据唐玲等(2009)的分类,其中有四类行业属于高附加值的技术密集型制造业,而中国在这五类行业中的相对出口收益仅占所有行业的第 18、22、7、17 和 19 位,因此,可以说美国的出口获益来源主要是技术密集型行业。中美两国在主要行业相对出口收益上的来源差异,说明中国的出口贸易地位偏低,出口产品的附加值收益较小,需要尽快调整中国的对外出口产品结构,增加自身的实际出口收益。

2. 影响中国制造业的行业出口收益的因素分析

改革开放四十多年来,虽然中国制造业的出口收益在逐年递增,相比 2000 年的增长速度也在逐步加快,但制造业总体出口收益占 G20 总体出口收益的相对份额很低,到 2015 年仍仅为1.35%。因此,找到中国制造业出口收益调节的影响因素,合理增加中国制造业的出口收益,已成为当前改善中国外部经济环境和调整对外贸易结构的关键,更是中国合理参与 G20 框架下的全球经济再平衡协调与治理的必然路径。基于此,本节参考已有的关于对出口影响因素的相关研究文献,拟以行业层次的影响因素为主,兼顾国家层次的影响因素,选择变量进行中国制造业相对出口收益影响因素的分析。

(1)主要解释变量对制造业出口收益的理论影响机制

笔者认为,一国制造业的行业出口收益影响因素,应从行业和国家两个层次进行分析,目前学术界主要关注宏观经济变量对出口及其收益的影响,由于本节的研究对象是建立在具体产品层次上测度的行业相对出口收益,因此本节认为还应该从行业层次上,寻找中国行业出口相对收益的更多影响因素。

首先,在行业层次上,我们选择了两个解释变量:其一,分行业的外商直接投资(FDI)。由于 FDI 的增加会给一国的行业发展带来稀缺资本、先进技术和管理经验,促进其出口收益的增加,因此,可将其原假设(H_1)界定为:分行业 FDI 对中国制造业相对出口收益的影响为正。然而,如果外资进入偏向资源和劳动密集型行业,会造成被投资方产品居于全球价值链低端,减少其出口产品的技术含量,抑制出口收益增加。因此 FDI 能否真正促进一国出口收益的增加还有待检验。其二,分行业的研究与开发投入(R&D)。企业对研究开发投入的增加,会增加其出口产品的技术含量和人均收入水平,进而增加其行业相对出口收益,因此可将其原假设(H_2)界定为:分行业 R&D 对中国制造业的行业相对出口收益影响为正。

其次,在国家层次上,考虑到融资模式会通过影响出口企业的融资约束水平,影响企业的融资成本,进而影响一国相对出口收益,因此,我们拟检验金融发展变量对一国相对出口收益的影响,主要包括两个衡量一国金融发展水平的变量:其一,私人信贷占 GDP 比重(PC),以该指标反映一国对间接融资发展水平的依赖程度。其二,股市市值占 GDP 比重(SMC),以该指标反映一国对直接融资发展水平的依赖程度。经验事实表明:经济发展水平高的国家倾向于直接融资主导的金融体系,反之倾向于银行主导的间接金融体系。金融市场的完善,尤其是股票等直接融资体系的发展,会通过提高金融中介效率,减少融资中的信息不对称,降低交易成本,使企业能以较低成本更快地获得所需资金,进行高技术产品研发和生产,提高出口技术含量,增加实际收益。因此,PC 的原假设(H_3)是:私人信贷占 GDP 比重对中国相对出口收益的影响为负,SMC 的原假设(H₄)是:股市市值占 GDP 比重对中国相对出口收益的影响为正。

(2)模型构建与变量说明

①模型设计

本节以一国的行业相对出口收益指标 LAE_{mnt} 为被解释变量,其中, m 代表国家, n 代表具体行业, t 代表年份,由于只考虑中国的指标和数据,因此,可不考虑国家 m 的影响,设计影响中国行业相对出口收益的多元回归模型。具体模型如下。

$$LAE_{nt} = C + \alpha_1 \ln FDI_{nt} + \alpha_2 RD_{nt} + \alpha_3 PC_t + \alpha_4 SMC_t + e_{it} \quad (5.6)$$

在上式中, C 代表常数项, n 表示具体行业, t 为年份, e_{it} 是变量的随机扰动项。

②变量解释

第一,被解释变量:中国相对出口收益值(LAE_{nt})。主要数据源于前文测度的中国在 G20 中 42 个国家中的相对出口收益值,单位为%,样本时间范围为 2000—2014 年①,基础产品层次的出口数据来自 BACI 数据库。

第二,解释变量。主要有四个。

其一,分行业 FDI 指标($\ln FDI_{nt}$)。目前,在行业层次上的外商直接投资数据还相对缺乏,本节主要用按行业分"三资"工业企业总产值代替 FDI 存量,即用按分行业的外商投资和港澳台商投资工业总产值,替代行业层次的外商直接投资额。数据源于 2001—2015 年的《中国统计年鉴》,单位为亿元,对其取对数。

其二,分行业的 R&D 投入指标(RD_{nt})。以按各行业分的规

———

① 由于后文中 2015 年部分变量数据缺失严重,本部分实证检验样本数据仅到 2014 年。

模以上工业企业的 R&D 活动经费占主营业务收入的比值来表示。资料来源于 2001—2015 年的《中国科技统计年鉴》。

其三,私人信贷占 GDP 比重指标(PC_t)。资料来源于世界银行全球金融发展数据库(GFDD)[1]。

其四,股市市值占 GDP 比重指标(PC_t)。资料来源于世界银行全球金融发展数据库(GFDD)。

(3)实证分析

①描述性统计

首先,对被解释变量和四个解释变量进行描述性统计,结果如表 5-2 所示。

表 5-2　主要变量的描述性统计

	变量名	样本数	均值	标准差	最小值	最大值	T	N	VIF
被解释变量	LAE_{nt}	390	0.646	0.834	0.008	4.296	15	26	
解释变量 行业	$\ln FDI_{nt}$	390	7.478	1.622	0.513	10.92	15	26	3.19
	RD_{nt}	390	0.981	0.694	0.100	3.400	15	26	1.20
国家	PC_t	390	1.133	0.101	0.972	1.330	15	26	2.82
	SMC_t	390	0.682	0.402	0.200	1.367	15	26	3.28

注:本表由 stata 12.0 计算得到。

在上表中,N 表示本部分要分析的制造业内 26 个细分行业,T 表示研究样本的时间跨度为 15 年,样本总量为 26 个行业 15 年的 390 个样本,所有的样本数据无缺失值,因此,其为平衡面板样本。从表 5-2 的数据可以得到以下四个统计特点:其一,中国制造业 26 个行业的相对出口收益分布存在差异。从其均值和标准差看,

---

[1] 资料来源:世界银行全球金融发展数据库,见 http://databank.worldbank.org/data/reports.aspx? source=global-financial-development。

样本数据的离散程度较高,收益最大可以达到 4.296%,均值收益和最大收益值差异较大,而最小仅为 0.646%,最大收益值和最小收益值的差异十分明显。其二,包括分行业 FDI($\ln FDI$)在内的各个解释变量和控制变量的数值离散程度较低,数值差异相对被解释变量的差异偏小。其三,表 5-2 中 N 大于 T,表示其为短面板数据,可利用广义矩估计(GMM)进行动态面板分析。其四,由于本节采用的解释变量较多,变量之间可能存在相关性,导致模型出现多重共线性,我们采用方差膨胀因子分析方法进行了检验,结果显示,各变量 VIF 值均小于 10,因此模型不存在严重的多重共线性问题。此外,为了减少数据的波动和消除变量的量纲的影响,本节对分行业的 FDI 数据进行了对数化处理。

②中国制造业相对出口收益影响因素的静态面板分析

从中国制成品对外出口的来源企业类型看,外商直接投资企业是导致中国出口高速增长的主要来源,而本节的相对出口收益指标又是以出口产品为基础测度的。同时,相对出口收益指标的理论基础是一国的平均收入水平越高,其出口质量越高,收益越大,而这与 FDI 技术溢出的影响也有明显的关系,因此,本节以分行业 FDI 作为行业层次的核心解释变量。表 5-3 显示的是关于中国制造业分行业相对出口收益影响因素的静态面板回归结果。通常在进行面板回归分析时,需要在固定效应模型、随机效应模型及混合 OLS 模型中进行选择。本节主要针对包括所有解释变量和控制变量的回归模型进行选择,分为三步:第一步,比较固定效应模型和混合 OLS 回归模型,我们用 F 检验发现,混合 OLS 回归估计有偏,固定效应优于混合 OLS 回归;第二步,比较随机效应模型和混合 OLS 回归,通过 Breusch-Pagan 检验,结果发现同样存在混合 OLS 回归估计有偏,随机效应模型优于混合 OLS 回归模型;第三步,利用 Hauman 检验比较固定效应模型和随机效应模型,根据模型是否拒绝"个体效应与解释变量不相关"的原假设,判断是否采用固定效应模型。

表 5-3　静态面板回归的检验结果

变量	(1)	(2)
行业层面		
$\ln FDI_{nt}$	0. 3556*** (10. 01)	0. 1369*** (2. 97)
RD_{nt}	0. 1673** (2. 54)	0. 0437 (0. 71)
国家层面		
PC_t		2. 1196*** (10. 15)
SMC_t		0. 1916*** (2. 92)
constant	−2. 1770 (−6. 96)	−2. 9528 (−8. 66)
R^2	0. 2642	0. 4285
F 检验	65. 01***	67. 49***
Hausman 检验 模型选择	14. 54*** 固定效应	5. 91 (0. 1159) 随机效应

注:在 Hauman 检验中,列(2)括号中的值为 P 值,表明其未拒绝原模型为随机效应的原假设。其他括号中的值为 Z 值,本表为在一般标准差的情况下,进行的静态面板回归分析结果。***、**、*表示在 1%、5%、10%的水平上显著。

在表 5-3 中,列(1)表示仅有行业层次变量影响的结果,列(2)显示的是加入控制国家层次变量的影响结果。从结果看,各个解释变量的影响效应和显著性没有发生变化,这说明该模型的设置较为稳健。主要结果有二:其一,从行业层次各个变量的影响效应看,分行业 FDI 变量的增长对中国制造业相对出口收益产生正效应,且在

1%水平上显著,而行业层次上的研究与开发投入对中国制造业相对出口收益虽然产生正效应,但并不稳健显著。这说明仅有分行业FDI对中国制造业相对出口收益的影响效应是可信的。其二,在国家层次上,银行信贷对中国制造业相对出口收益的影响相比股市融资的影响更大,且显著,这说明在中国对外出口上,银行信贷对企业的资金支持对行业相对出口收益的影响更为显著。需要说明的是,目前行业层次FDI变量的影响相比国家层次的银行信贷变量影响相对更小,这说明行业层次变量对中国制造业相对出口收益的影响还没有充分发挥,需要进一步提升FDI对中国制造业相对出口收益的积极作用。

③中国制造业相对出口收益影响因素的动态面板分析

由于静态面板回归模型忽略了被解释变量可能与误差项的相关性,进而产生的内生性问题。虽然本节的被解释变量是一个相对行业出口收益份额值,仅表示一国的具体行业在G20框架下的42国中的相对获益地位,而不是一个绝对收益数值,因此理论上它不存在内生性问题。但我们仍然认为可能出现因遗漏变量存在产生的内生性问题,或各变量的影响存在滞后效应,因而,我们对各变量取滞后一期进行检验。由于行业层次的工具变量数据难以获得,且对FDI的相关研究显示,很少对FDI取工具变量,因此本书使用广义矩估计(GMM)进行检验,以解决遗漏变量的内生性问题。广义矩估计(GMM)包括差分GMM和系统GMM,由于差分GMM消除了非观测截面的个体效应及不随时间变化的其他变量,会导致部分信息损失。而系统GMM是对差分GMM的扩展,它可以估计不随时间变化的变量的系数,估计效率更高,故本书采用系统GMM进行动态面板的估计分析。具体结果如表5-4所示。

表 5-4 动态面板回归的检验结果

变量	（1）	（2）
$LAE_{n,t-1}$	1.0442 *** (0.0013)	1.0687 *** (0.0064)
行业层次		
$\ln FDI_{nt}$	0.1399 *** (0.0023)	0.1192 *** (0.0078)
$\ln FDI_{n,t-1}$	−0.0407 *** (0.0030)	−0.0671 *** (0.0077)
RD_{nt}	0.0722 *** (0.0019)	0.1161 *** (0.0029)
国家层次		
PC_t		0.1498 *** (0.0208)
PC_{t-1}		−0.2658 *** (0.2222)
SMC_t		−0.0541 *** (0.0043)
SMC_{t-1}		0.1050 *** (0.0050)
constant	−0.7792 (0.0168)	−0.2904 (0.0487)
Sargan 检验（p 值）	25.6681 (1.0000)	23.2995 (1.0000)
AR(1)检验 p 值	0.0447	0.0460
AR(2)检验 p 值	0.3878	0.3971

注：① *** 、 ** 、 * 表示在 1%、5%、10% 的水平上显著，括号内为标准差。②本表用 stata12.0 版中 xtdpdsys 命令自动生成工具变量，括号内是标准差。③Sargan 检验的原假设 H₀ 为"所有工具变量均有效"，本表检验的结果为接受原假设，即工具变量的选择是合理的；AR(1)和 AR(2)检验的原假设 H₀ 为"扰动项不存在自相关"，本表的检验结果为差分方程不存在二阶自相关问题。

从表 5-4 各个变量的影响系数分析,被解释变量的滞后一期和各个解释变量的影响性质与显著性结果在两栏中是一致的,因而上述动态面板的回归结果是稳健的。表中列(1)是只考虑行业层次的解释变量和滞后一期解释变量影响的结果,列(2)是加入控制国家层次的变量影响的最终结果。主要结果有三:第一,在所有变量影响中,滞后一期的相对出口收益变量($LAE_{n,t-1}$)对其后一期的相对出口收益产生显著正效应,且影响最大。这一定程度上说明中国制造业出口收益的增长是具有"惯性效应"的,即具有时间上的连续性,行业前期相对出口收益的增减会直接影响到后一期行业相对出口收益变化。这可能是因为:前期的中国制造业相对出口收益的增加,有助于激励企业增加投入,改善生产和提高技术含量,提升出口竞争力,从而扩大下一期的制造业相对出口收益;反之,则会抑制企业扩大投资,阻碍生产和技术含量的提升,减少行业相对出口收益。

第二,分行业 FDI 变量会在当前一期对中国制造业行业相对出口收益产生正影响,且在 1% 水平上显著,但其滞后一期的收益影响却显著为负。这表明当前 FDI 的流入在短期内虽然对中国制造业相对出口收益产生了积极影响,但在长期情况下,FDI 对中国制造业相对出口收益的影响却为负,并没有产生中长期的显著增长效应。这可能是因为流入中国的 FDI 主要集中在劳动密集型的加工装配行业,外资对中国出口行业的技术提升和劳动生产率促进效应还没有或没有充分发挥,使其相对出口收益的实际增长仍然相对缓慢,最终导致:虽然短期内 FDI 的流入有利于低技术劳动密集型行业相对出口收益增长,使 FDI 产生的当前影响为正。但由于中国高技术和高附加收益的行业没有得到足够的 FDI 的支持,其相对出口收益是相对递减的,使中国制造业的整体劳动生产率并没有得到根本提高,最终使 FDI 对中国制造业相对出口收益的长期效应为负。

第三,不同的金融发展指标对中国制造业相对出口收益的增长是有差异的,但其主要影响来自金融中介指标(私人贷款规模与 GDP 比值,PC)。从表 5-4 的 PC 和 SMC 当期变量的系数看,金融发展,无论是代表间接融资水平的银行业贷款规模的扩大,还是代表直接融资水平的股票市值的上升,都会对中国制造业相对出口收益产生正效应。但是从 PC 和 SMC 的一阶滞后变量的系数来看,两者对中国制造业相对出口收益的长期影响是有差异的,代表直接融资水平的 SMC 的增加,依然对中国制造业的相对出口收益的增加产生正效应,代表私人贷款规模水平的 PC 对中国制造业相对出口收益则产生负效应,这说明中国银行业贷款规模的扩大并不总是对中国制造业的出口收益产生正影响。这可能是因为当前日益扩大的银行信贷并没有起到支持企业提高劳动生产率和出口竞争力的作用。从目前中国的国内融资体系来看,以银行融资为主的间接融资模式在其中占据绝对主体,以股票市场融资为主的直接融资模式对企业的生产、出口与结构升级的支持力度偏小,这直接导致 SMC 指标对中国制造业的相对出口收益的影响偏小。虽然,近年来中国的银行业信贷规模不断扩大,但由于国家的政策导向和控制风险的需要,大部分的银行信贷流向国有大中型企业,但这些企业并不缺少研发资本或较少根据市场竞争需要,去充分利用这些资金,进行技术创新和提高劳动生产率。而真正需要外来资本支持去进行技术创新的中小型民营企业,难以获得足够的银行信贷支持,去提高企业的技术创新水平和出口竞争力,从而使中国整体的实际出口收益增长乏力,最终导致银行信贷因素对中国制造业的相对出口收益增长产生整体负效应。

④稳健性检验结果

为了检验前文结果的稳健性,本节进行了变量结果的敏感性测试,包括两类:第一,加入国家层次的汇率变量(ER)和行业层次的行业竞争程度变量(CQ),其中汇率变量以直接标价法下的100美元兑换多少人民币表示,行业竞争程度变量用按行业分规模以上工业企业单位数表示,资料来源于2001—2015年的《中国统计年鉴》,并对二者取对数,然后进行系统GMM的动态分析,结果显示:分行业FDI对中国的制造业相对出口收益的影响系数依然稳定为正效应,且显著(见表5-5)。

表5-5 加入国家和行业层次变量的稳健性检验

变量	(1)	(2)	(3)
$LAE_{n,t-1}$	1.0666*** (0.0106)	1.0637*** (0.0061)	1.0640*** (0.0058)
行业层次			
$\ln FDI_{nt}$	0.1195*** (0.0073)	0.1334*** (0.0096)	0.1221*** (0.0129)
$\ln FDI_{n,t-1}$	−0.0684*** (0.0102)	−0.1058*** (0.0125)	−0.0885*** (0.0185)
RD_{nt}	−0.0017 (0.0067)	0.0093*** (0.0050)	0.0080 (0.0092)
国家层次			
PC_t	0.1462*** (0.0302)	0.0799*** (0.0120)	0.0784*** (0.0230)
PC_{t-1}	−0.2394*** (0.0474)	−0.3222*** (0.0563)	−0.2826*** (0.0717)
SMC_t	−0.0502*** (0.0064)	−0.0756*** (0.0061)	−0.0723*** (0.0101)
SMC_{t-1}	0.1019*** (0.0066)	0.0839*** (0.0057)	0.0873*** (0.0084)
控制变量			
$\ln CQ_t$	−0.0133*** (0.0019)		−0.0038 (0.0028)

续表

变量	（1）	（2）	（3）
$\ln ER_t$		-0.3656^{***} （0.0507）	-0.2741^{***} （0.0896）
constant	-0.1770 （0.0715）	0.7937 （0.1704）	0.5559 （0.2962）
Sargan 检验 （p 值）	23.0315 （1.0000）	23.8727 （1.0000）	22.7785 （1.0000）
AR（1）检验 p 值	0.0397	0.0421	0.0436
AR（2）检验 p 值	0.4217	0.4456	0.4195

注：①***、**、*表示在1%、5%、10%水平上显著。括号内是标准差。②本表用 stata 12.0 版中的 xtdpdsys 命令自动生成工具变量。③Sargan 检验的原假设 H_0 为"所有工具变量均有效"，本表检验的结果为接收原假设，即工具变量的选择是合理的；AR（1）和 AR（2）检验的原假设 H_0 为"扰动项不存在自相关"，本表的检验结果为差分方程不存在二阶自相关问题。

　　第二，利用取稳健标准误的混合 OLS 回归模型，对行业的 FDI 变量对中国制造业相对出口收益的影响进行检验，结果显示：分行业外商直接投资对中国制造业相对出口收益的影响始终为正效应，且在 1%水平上显著（见表5-6）。

表5-6　利用混合 OLS 回归法进行的稳健性检验

变量	（1）	（2）	（3）	（4）	（5）
行业层面					
$\ln FDI_{nt}$	0.1711^{***} （7.95）	0.1362^{***} （7.13）	0.1612^{***} （4.09）	0.1270^{***} （7.09）	0.1442^{***} （3.70）
RD_{nt}	-0.3661^{***} （-6.94）	-0.3127^{***} （-6.21）	-0.3166^{***} （-6.20）	-0.2927^{***} （-5.72）	-0.2975^{***} （-5.69）
国家层面					
PC_t		1.8797^{***} （4.23）	1.8485^{***} （4.20）	1.2552^{**} （2.14）	1.3055^{*} （2.18）

续表

变量	(1)	(2)	(3)	(4)	(5)
SMC_t		0.1014 (1.23)	0.0834 (0.97)	−0.0739 (−0.39)	−0.0658 (−0.35)
控制变量					
$\ln CQ_t$			−0.0444 (−0.92)		−0.0288 (−0.60)
$\ln ER_t$				−1.0291 (−1.24)	−0.9128 (−1.08)
constant	−0.2740 (−1.94)	−2.2648 (−4.24)	−2.0038 (−3.74)	0.6625 (0.29)	0.5011 (0.22)
R^2	0.1772	0.2295	0.2310	0.2329	0.2335
F 检验	44.57[***]	23.76[***]	20.55[***]	19.18[***]	17.15[***]

注:①***、**、*表示在1%、5%、10%的水平上显著,括号内为标准差。②本表用 stata 12.0 版软件计量分析得到。

3. 贸易收支调整对中国制造业出口的可能收益影响

从上述结果可以看出,虽然中国制造业相对出口收益处于上升趋势,即其在全球的相对贸易及获益地位在上升。但在 G20 范围内,中国制造业出口的相对收益仍然偏低。因此,中国可以参与 G20 框架下的全球贸易再平衡协调与治理,但治理的重心不是调整贸易顺差数额,而是调整中国在制造业出口扩大中的实际收益。而调整中国制造业的实际出口收益,在行业层次上可以从调整 FDI 的类型和规模入手,因为其调整会对中国制造业相对出口收益产生显著正效应。具体而言,中国应该从鼓励外资逐渐流向产品附加值和技术含量高的资本和技术密集型行业或相关环节,增加这些行业的出口竞争力和相对出口收益份额,提升中国产业的整体出口利益。而这种调整也会影响中国劳动密集型的加工装配行业的出口收益,在就业量和出口量的扩大上可能产生一定的负效应。但对高技术和资本密集型产业会产生正向的收益影响,从而对中国的整体出口收益增长实际是有利的。因此,这种以增加中国制造业和其他产业的实际出口收益的引资结构调整是必须和可行的。

三、G20 框架下的国际收支调整对各方利益的影响评估

自 2008 年全球金融危机爆发以来,在以美国、日本等发达国家为核心的七国集团及随后加入俄罗斯的八国集团的推进下,G20 在全球经济再平衡协调与治理中的地位和重要性快速上升,全球各主要国家和地区也因为全球金融危机的压力,在 2008—2012 年将全球经济治理的注意力集中在全球经济再平衡协调与治理上。特别是在有关全球金融危机的全球经济治理中,G20 会议在国际货币基金组织的投票份额的调整、系统重要性金融机构(SIFI)的建立、《巴塞尔协议 III》的签订等全球重大金融事务的决议上[1],开始发挥越来越重要的影响力,与此同时,在 2009 年的美国匹兹堡 G20 峰会上,全球经济再平衡如何协调与治理被纳入G20 领导人峰会的主要议题之一,使 G20 框架下的全球再平衡协调与治理越来越呈现官方合作协调与治理的特色和优势,其正成为全球经济再平衡的最主要的协调与治理平台之一。从 2009 年之后的 G20 领导人峰会与 G20 财长和央行行长会议在全球经济再平衡协调与治理的关注程度和制定的相关文件事实看,2009—

---

① 黄薇:《全球经济治理之全球经济再平衡》,《南开学报(哲学社会科学版)》2012 年第1 期。

2012年是G20领导人峰会与财长和央行行长会议为全球经济再平衡协调与治理关注最多的时期,所以近年来G20框架下的全球经济再平衡协调与治理对国际经济的影响最为突出的在这一段时间,此后,随着全球经济复苏,尤其是美国经济和欧盟经济从全球金融危机中逐步恢复,G20框架下的全球经济再平衡协调与治理逐渐减少,其开始将自己的注意力转向更多新的领域,如全球创新和数字经济等,在G20框架下的全球经济再平衡协调与治理又回到了各国的经济复苏治理上。考虑到这一发展特点,我们将G20框架下的全球经济再平衡协调与治理对各方利益的实际影响的研究时间集中在全球金融危机发生前后的2002—2013年,因为这一时间段涵盖了全球金融危机影响和全球经济再平衡前后的主要年份。在具体的研究中,我们将主要使用2002—2011年G20主要成员方的国内重要变量的数据变动,评估G20框架下的全球经济再平衡协调与治理对参与各方的实际影响,从而对全球经济再平衡协调与治理过程进行系统测度与影响研究。

虽然G20领导人峰会与财长和央行行长会议将一国的经济发展评估指标划分为内部经济发展波动评估指标和外部的国际收支波动评估指标,然而,出于两方面的原因:其一,一国和地区的内部经济评估指标过多,且存在一定争议;其二,本书主要探讨的是中国外部贸易和金融再平衡治理,研究G20会议议题对一国的贸易和金融再平衡协调与治理的影响,因此,我们主要探讨G20框架下的各国的外部经常项目收支指标的变动。同时,本书考虑到G20在2005年的中国北京G20财长和央行行长会议和2009年的美国匹兹堡G20峰会对两个经常项目收支指标及其治理议题提出的重要影响,重点以2005年和2008年这两个主要的时间节点为标准分类点,探讨 2005 年和 2008 年前后的 G20 各主要国家和地区的贸易收支和金融收支指标的变动和实际治理现状。

(一)G20 治理对主要国家和地区贸易收支波动调节的作用评价

从全书的理论和实证分析结果可知,在一国的经济发展历程中,对外部的贸易不平衡是常态,尤其是在对外经贸关系中,世界各国和地区普遍存在贸易不平衡的情况,要么是对外顺差,要么是逆差。因此,G20 框架下的再平衡的目标是为了平抑一国对其他国家贸易不平衡的波动过大,维持双边贸易平稳增长,防止因贸易差额增长过快影响双边经贸关系。本书将主要比较全球各主要国家和地区间的货物贸易波动的变化,尤其是作为世界最大经济体的美国和世界主要国家和地区间的货物贸易差额的变动,及其受到的 G20 会议开展的全球经济再平衡协调与治理政策的影响。

从 2003—2012 年间美国对世界主要国家和地区的货物贸易波动演变趋势看,G20 框架下的全球经济再平衡协调与治理还是有一定实际效果的。根据美国商务部国际贸易管理办公室的统计数据显示,从 2003—2012 年美国对日本的货物贸易逆差、美国对石油输出国组织(OPEC)成员方的货物贸易逆差、美国对整个亚洲地区的货物贸易逆差、美国对中国的货物贸易逆差看,这些国家间的贸易不平衡变动呈现相似的变动趋势和特点,具体表现为:2003—2006 年,在全球经济发展平稳时期,美国对这些国家和地区呈现货物贸易逆差,且均出现持续扩大的态势;在 2005 年中国北京 G20 财长和央行行长会议提出全球平衡增长的议题后,贸易再平衡的调整趋势开始出现,2006—2009 年美国对这些国家和地区的各类贸易逆差开始持续减少,说明 G20 框架下的全球经济再平衡协调与治理出现初步效果;2008 年全球金融危机爆发后,2009—2011 年美国对这些国家和地区的各类货物贸易逆差出现再度扩大的态势。这一演变态势与 G20 会议对全球经济再平衡协调与治理的议题关注有较高的同步性,而 2005 年和 2008 年是 G20 会议关注全球经济再平衡协调与治理的重要时间节点。2005 年,中国北京 G20 财长和央行行长会议在主要议题和会议主题中,都提出要关注全球经济再平衡的协调与治理,而这种关注导致 G20 国家间的全球经济再平衡的政策协调增多,对各国和地区的贸易变动产生了一定的直接影响:美国的对外贸易逆差总额和对上述主要国家和地区的贸易逆差额有反向缩减的趋势,2006—2009 年,美国对外货物贸易逆差总值从 8279.7 亿美元减少到 5035.8 亿美元,而美国对日本、中国、OPEC 成员方和整个亚洲地区的货物贸易逆差也大幅减少,说明 G20 框架下的全球经济再平衡协调与治理起到了一定反向调节效果。在 2008 年全球金融危机的负面影响下,世界主要国家和地区对全球经济再平衡协调与治理的关注点,被逐渐转移到如何应对全球金融危机及推动全球经济复苏上,而对全球经济再平衡协调与治理的关注程度逐步降低。

因此,综上所述,G20 领导人峰会与 G20 财长和央行行长会议对全球经济再平衡协调与治理的关注度提升,可以一定程度地减少美国对世界主要顺差方的贸易逆差,但目前的 G20 框架下的全球经济再平衡协调与治理,还无法从根本上逆转美国的贸易逆差,原因之一就是:全球经济再平衡协调与治理的目标常常会和 G20 要实现的其他议题的目标发生冲突,导致为了实现 G20 框架下的不同议题政策目标,实施的不同协调政策会发生实际政策效应的相互抵消,使全球经济再平衡的政策调整效果无法达到 G20 治理方的目标要求。例如,在 G20 历届会议的目标中,各国和地区最关注的议题是全球经济的恢复性增长,但实现各国经济增长和全球经济再平衡协调与治理两个目标常常会发生政策冲突,尤其是对贸易逆差国家而言,这种政策间的冲突性更为明显。当顺差国希望维持或促进本国经济增长,并推出相关支持政策时,其对外进口会迅速增加,在参与全球经济再平衡协调与治理上有较好的效果,但外部经济增长的同时,其出口也会扩大,抑制其治理效用,对其而言,关键看经济增长对其出口和进口的促进效应哪方更大,需要在全球经济复苏和全球经济再平衡协调与治理之间寻求一个平衡点。

(二)G20 治理在各国和地区金融波动调节上的效果评估

2005—2012 年,在全球金融危机爆发的影响下,世界主要国家和地区在注意全球经济再平衡协调与治理问题的同时,开始关注自身的金融脆弱性及其产生的负面影响,全球经济再平衡与金融脆弱性的关系研究开始受到学术界的关注。[1] 金融发展差异对不同国家和地区之间的资本流动及其治理的影响被越来越多地研究,金融领域的国际收支调节与全球经济再平衡的内在关系因此成为国内外学术界研究的重点(Caballero 等,2006)[2],对全球经济再平衡协调与治理的研究也从纯贸易渠道治理,扩展到金融领域的渠道治理。

---

[1] Miranda Xafa,"Global Imbalances and Financial Stability", *Journal of Policy Modelling*, Vol.29,2007,pp.783-796.

[2] Ricardo J.Caballero,Farhi E.,Gourinchas O.,"An Equilibrium Model of Global Imbalances and Low Interest Rates", NBER Working Paper, No.11996,2006.

综合当前的学术研究结果可知,国内外学术界对美国的外部贸易不平衡是否具有可持续性,达成了较为一致的学术共识:从一国的国际收支项目内容看,美国不能仅仅看到经常项目下的贸易差额,还要考虑资本和金融项目下的差额,即其虽然在经常项目下出现了巨额贸易逆差,但其国内发达的金融市场吸引了外部大量的资本净流入,这也一定程度上支持了美国贸易逆差的持续扩大,而资本和金融项目的净流入顺差收益弥补了美国经常项目的净流出逆差,而这种发展趋势一定程度上也可以反映美国对国际收支的逐步治理,而 G20 框架下的全球经济再平衡协调与治理也在各国的资本和金融项目流出入上起到了一定的效果,资本和金融项目的演变趋势也可以充分反映 G20 治理对全球经济再平衡的协调与治理效果。

接下来,本书利用 2008 年全球金融危机爆发前后的美国商务部经济分析局(Bureau of Economic Analysis)统计的美国 10 年资本项目各项目的数据(2002—2011 年),分析 G20 框架下的全球经济再平衡协调与治理对美国各年度的资本项目变动的影响。而根据各年度的数据结果显示,2005 年和 2008 年仍旧是显示 G20 治理重要性的两个重要时间节点。具体而言,通过对比 2002—2011 年外国在美国持有的资本绝对数额和美国在外国持有的资本绝对数额,可以发现美国的净外部资产受 G20 框架下的全球经济再平衡协调与治理影响较为明显。2002—2005 年,外国对美国的资本流入减去美国对外国的资本流出的差额,从 2002 年的 5005 亿美元增长到 2005 年的 7008 亿美元,和美国对外贸易逆差扩大的趋势相同。尤其是 2004—2005 年的外国对美国的资本流入减去美国对外国的资本流出的差额增加了 1685 亿美元,增长速度最快,在 2002—2005 年的增长总额中的比重高达 83%。这也导致国际货币基金组织、世界银行和 G20 都开始关注全球经济再平衡协调与治理,在其年度会议上强调了全球经济再平衡协调与治理的重要性。也正是在这一年,G20 框架下的全球经济再平衡协调与治理开始走上历史舞台,并开始发挥治理各国国际收支的关键效用。

而在 G20 全球经济治理的这种趋势影响下,从 2006 年开始,外国对美国的资本流入减去美国对外国的资本流出的差额增加速度大幅度减慢,仅比 2005 年增加了 787 亿美元,比 2004—2005 年的增加额减少了 898 亿美元。进入 2007 年,在全球经济再平衡和美国次贷危机的多重压力下,美国的资本净流入进一步减少,外国对美国的资本流入减去美国对外国的资本流出的差额不仅没有增加,反而比 2006 年减少了 1685 亿美元。并且一路减少,2009 年外国对美国的资本流入减去美国对外国的资本流出的差额仅为 1849 亿美元。虽然从 2010 年开始,流入美国的资本净值数额有所回升,但是增长速度比 2005 年之前要慢得多,这说明 G20 框架下的全球经济再平衡协调与治理对全球的资本流动不平衡问题也有所遏制。

此外,从外国的外汇储备对美国政府债券购买金额的发展趋势也可以看到,G20 框架下的全球经济再平衡协调与治理是可以对全球经济的金融调整起到作用。自 20 世纪 90 年代以来,作为贸易顺差方的国家通常都是美国国债的主要购买方。而在 2005 年和 2008 年,外国对美国的政府国债购买也出现了显著的波动,2006 年外国对美国政府国债的购买额高达 4284 亿美元,持续高位的美元外汇储备流入美国,支持了其国内金融市场的持续繁荣和对外投资的资本需求,最重要的是稳定了美国的货币政策实施及货币市场稳定,并获得稳定的外部资本收益净流入及其导致的正估值效应。然而,2007 年外国对美国的政府国债购买额锐减 1585 亿美元,仅为 2699

亿美元,2008 年全球金融危机的影响,虽然使外国对美国的政府国债购买额"恐慌性"地上升,增加到 5914 亿美元,但到了 2009 年,外国对美国的政府国债购买额又减少到 4373 亿美元,此后逐年减少,2011 年这一数额下降到仅为 2188 亿美元。而这一外国对美资本流入的数额减少,再次与 G20 全球经济治理机制对"全球经济再平衡"议题的关注同步,说明 G20 框架下的全球经济再平衡协调与治理确实对各国间的资本流动调整起了一定作用。这一趋势的同步性,尤其在 2005—2008 年最为明显,在 2008 年全球金融危机全面爆发之前,G20 先后在 2005 年的中国北京 G20 财长和央行行长会议、2008 年的墨西哥洛斯卡沃斯 G20 领导人峰会和 2007 年的南非开普敦 G20 财长和央行行长会议上,对全球经济再平衡协调与治理问题展开了议题探讨,并针对所涉及的各主要国家和地区,如何调节自己的外部贸易收支提出了针对性的治理建议,而 G20 中的主要国家和地区也严格按照会议要求进行国际收支治理,使美国的资本流出入差额规模明显下降。而 2008 年的全球金融危机,使各国和地区对自身金融市场发展产生担忧,而美国此时已经开始从次贷危机进入金融市场调整期和监管期,导致对美资本流入增加,这是突发性事件的偶然影响。而 2009 年后全球经济在恢复增长因素的影响和要求下,开始更加关注全球经济的增长恢复和平衡增长,而世界主要的发展中国家和地区在全球金融危机的波及影响下,出于担心资本流入美国等发达国家金融市场的安全性以及维护自身金融安全的需要,减少了对外购买美国等发达国家的政府国债,导致外国对美国的资本流入速度整体减慢。

与此同时,随着 G20 领导人峰会及财长和央行行长会议对全球金融危机背景下的各国如何实现恢复性增长的议题更为关注,发达国家和地区的经济复苏速度不断加快,对外进口需求恢复增长,进而导致各国的国际收支的再度恶化。因此,2009—2012 年 G20 领导人峰会及财长和央行行长会议再次对全球经济再平衡协调与治理问题表示了极大的关注,此后外国对美国的资本净流入差额也有所缓解,并趋于平稳。但 2012 年后,G20 国家开始将注意力转向新的议题,再次导致外国对美国的资本净流入差额的规模加速上升,据统计,2016 年仅外部对美国的直接投资就达到了 4860 亿美元,2017 年虽然有所下降,但仍然达到 2920 亿美元。这些同步性都一定程度上可以佐证:只要 G20 框架下的全球经济协调与治理,愿意将 G20 会议的关注点放在全球经济再平衡上,各国的国际收支就有改善或趋向平衡的可能。中国完全可以借助 G20 这个全球性的协调与治理平台,进行以贸易和金融调节为核心的国际收支治理,其既可以加强和美国、欧盟等发达国家和地区的协调与治理力度,又能合理有效地减少贸易和资本流动的不平衡。更重要的是,中国需要 G20 框架下的发展中国家的支持,共同应对发达国家要求的不合理的全球经济再平衡协调与治理措施,以更好地推进中国的国际收支的合理调整。

第二节 中国参与全球经济再平衡
协调与治理的可能趋势

一、提高出口实际收益将成为中国参与全球经济再平衡的主要方向

中国在调整对外贸易规模和结构的过程中,需要将出口附加收益值低的产业和商品淘汰,提升出口产品的技术含量与附加值。因此,提高中国出口产品的实际收益将是中国参与全球经济再平衡协调与治理的主要方向之一,而从 2016 年开始的中国参与 G20 框架下多边协调合作的主要议题来看,无论是在 2016 年的中国杭州 G20 峰会、2017 年的德国汉堡 G20 峰会,还是到 2019 年的日本大阪 G20 峰会上,与创新有关的议题都是中国参与的最主要的会议议题,这和中国参与全球经济再平衡协调与治理的方向和利益诉求不谋而合。因此,中国需要将以提倡制造业自主创新为核心内容的《中国制造 2025》计划坚持下去,无论遇到什么困难和阻碍,都要在降低对外出口规模之前,做好准备,适当调整中国国内的产业结构,增加出口商品的技术含量以及贸易附加值,让中国出口产品的单位收益能得到根本性提升,保证中国在出口数量减少的情况下,对外实际出口收益及出口质量增加。

二、扩大进口将成为 G20 框架下中国参与全球经济再平衡的主要基调

中国参与 G20 框架下的全球经济再平衡协调与治理的核心内容绝不仅仅是减少出口量,以及其带来的出口贸易规模的单方面减少和出口收益的损失,中国也需要适当地和有步骤地扩大进口,调整进口产品结构,利用全球市场竞争,享受进口扩大带给中国经济发展的各种可能红利:第一,扩大进口有助于平抑国内日益加快的物价上涨水平,降低中国出现通货膨胀的可能性。虽然美国作为世界第一大进口方,逐年扩大的进口贸易使美国的国内资本大量外流,但进口扩大不仅使美国的国内价格因为偏低的进口价格水平,而一直保持在较低的水平上,而且美国企业和个人享受了因全球市场上最低产品的价格水平带来的消费者剩余和生产者剩余的增加。第二,更重要的是作为全球最大的买方市场,美国成功通过对外商品购买,加深了世界其他国家和地区对其产生的经济依赖性,一旦世界其他国家和地区对其利益构成影响,其就会减少对这些国家和地区的进口,影响这些国家和地区的对美经贸政策,让美国企业和个人实际从中获利。第三,进口扩大可以使进口国家和地区减少对本国内部的资源消耗和环境损害,并成功利用其他国家和地区的资源为进口方的经济增长服务。尤其是对美国而言,美元是全球使用最多的国际货币,美国可以利用印制美元纸币,获得全球真实资源,进而实现"铸币税"收益的"红利"。因此,进口扩大可以使贸易当事方获得实际收入增加、以进口影响他国、获得铸币税等实际收益,未来中国政府需要在加快人民币国际化和对外投资的基础上,扩大中国与包括"一带一路"沿线国家和G20国家在内的世界主要国家和地区的进口,加深这些国家和地区与中国之间的相互依赖性。中国需要充分借鉴美国的进口扩大经验,注意进口产品结构和地区结构的安排,尤其是对中国急需和大量需求的大宗商品的进口如何调整,进行提前战略部署,并对中国与G20框架下的各主要发达国家和地区的进口合作展开重点研究,可以说如何有效率地扩大进口,并进一步完善中国的进口产品结构,将是未来中国参与全球经济再平衡协调与治理的主要基调。

三、开展 G20 框架下第三方合作治理将成为中国的主要路径

虽然 G20 框架下的"全球经济不平衡"及再平衡理念的提出,

将全球经济再平衡协调与治理的范围拓展到美国和部分亚洲国家及石油输出国组织成员方间的贸易再平衡,这也给了贸易各方在G20框架下开展外部经济再平衡协调与治理提供了可能。同时在G20的框架下,中国也有了更多和自己有相似贸易地位的合作伙伴,而这些合作伙伴在面临美国的贸易再平衡调整要求时,也和中国有相同的利益诉求,中国完全可以和这些国家和地区形成利益共同体,共同应对与美国的双边或多边经贸谈判,因此,开展G20框架下的中国与第三方的全球经济治理合作,有利于中国适度开展出口贸易规模调整的进程,也使中国在和美国进行双边贸易谈判和失去部分产品市场时,能够找到更多的合作伙伴和替代市场,共同应对全球经济再平衡协调与治理的政策要求。因此,未来中国在参与全球经济再平衡协调与治理时,加强G20框架下的与第三方合作治理,将是其主要发展趋势和中国的主要选择路径之一。

四、外资企业贸易顺差调整将成为中国参与全球经济再平衡的重要补充

改革开放四十多年来,随着外商对中国直接投资的增加,外商在华直接投资企业在中国对外出口和贸易顺差的扩大中也起着越来越关键的作用,据中国商务部投资指南统计,2018年外商在华投资企业进出口贸易总额高达19681亿美元,其中出口总额达到10360亿美元,占中国出口贸易总额的比重达到41.65%;外商在华直接投资企业实现贸易顺差1039亿美元,扣除投资项下进口设备、物料,外资企业贸易净顺差值达到1073亿美元,占中国对外贸易顺差总额的比重也接近30%。如此高的外资企业对外贸易顺差,使中国参与全球经济再平衡的协调与治理时不可避免地会影响到外商在华直接投资企业的对外出口和贸易顺差。由于中国的国内产业结构升级和贸易质量层次提升,不可避免地会对中国的加工装配型制造业的出口和贸易顺差产生影响,外商在华直接投资企业的出口成本也会上升,更多地以劳动密集型为竞争特征的外资企业因人工成本的上升,可能离开中国,到印度、越南等替代国家投资建厂,使中国对外加工贸易出口和顺差可能减少,进而使中国通过外资企业提升自身产业结构水平的速度可能减慢。因此,未来外资企业对外贸易规模和结构的调整将成为中国参与全球经济再平衡协调与治理的主要趋势之一,一方面中国将会提升外资企业进入中国市场的门槛和标准,让更多高附加值、创新能力强、单位能源消耗和环境污染水平低的外资企业进入中国市场;另一方面随着中国经济的持续快速增长及人民收入水平的提升,劳动密集型的加工装配类外资企业将可能不再享受国内的劳动力成本优势产生的收益和相应优惠待遇,外资企业出口贸易将会自发地减少,而这些都使得外资企业贸易规模和结构的调整,将成为中国未来参与全球经济再平衡协调与治理的重要补充。

五、全球金融经济再平衡协调将成为中国参与全球经济再平衡的新兴领域

改革开放四十多年来,在全球产业转移和制造业对外直接投资的推动下,美国及欧盟通过将其国内处于落后地位的制造业实施对外产业转移,在国内重点发展金融服务业和高技术服务业,从而在美国和欧盟成员方、中国及其他东亚经济体等之间,形成了服务业—制造业间的全球产业分工,尤其是形成了当前的中美两国间的金融服务业—制造业的产业分工模式,美国通过将自身的资源使用和产业发展重心集中在其国内的金融市场和相关的金融服务业，维持了其全球金融中心的地位，并极力维持了美元作为世界最主要的国际货币的地位，其不仅吸引了大量的外部资本持续流入美国金融市场，支持了美国的国内股市上涨、对外投资增加和经济的持续增长；而且美元的国际货币地位，使美国既利用美元获得了全世界其他国家和地区的真实资产，又利用美元作为世界主要出口方的核心外汇储备，获得这些国家和地区为美元汇率的保值或持续升值服务，对美国的金融依赖性也日益增强，保证了美国外汇市场成为世界外汇市场的主要中心之一。因此，一旦美国实施"再工业化"，其国内资源将部分地从金融业转向制造业，可能改变目前美国与中国和其他东亚经济体间的金融服务业—制造业已有分工模式，甚至可能导致全球资本流动方向改变。而欧盟内的金融业发达成员方也会产生类似的利益影响。

同时，对中国而言，如果让美国实现"制造业回归"，会导致中国的外资企业撤出趋势日益明显，使中国"脱实向虚"的趋势更加显著，不利于中国经济的长远可持续发展，尤其是制造业出口贸易的减少，会使中国加工装配制造业产生大量的剩余劳动力，而其又难以在短时间内通过金融服务业完全吸收。因此，对中国而言，在未来的短期内，中国仍需要努力保持全球制造业第一大国的地位，并尽快实现成为世界创新和制造强国的目标，扎实地打好中国的实体经济发展和产业结构升级的基础。而在中长期发展目标上，可以在制造业发展和国内市场承受金融风险能力提升的前提下，逐步提升金融业在中国产业发展中的地位，扩大中国金融市场在全球金融市场上的吸引力和影响力，将其塑造成全球资本流出入的金融中心，让金融领域的收益为中国参与全球经济再平衡协调与治理进行收益增值,使中国最终在制造业和金融服务业上都能获得实际收益的增加,维持中国参与全球经济再平衡协调与治理的可持续性。

第六章　G20 框架下中国参与全球经济
再平衡协调与治理的策略选择

第一节　G20 框架下各方参与全球经济
再平衡的利益诉求

自 2009 年美国匹兹堡举行的 G20 领导人峰会将全球经济再平衡问题列为会议的主要议题之一以来,G20 框架下的全球经济协调机制越来越多地成为世界主要国家和地区协调与治理全球经济再平衡的主要手段之一。但近十年以来,全球经济再平衡的协调与治理只是每年 G20 会议的其中一个议题,甚至在有的年度 G20 会议中,其并没有被列入任意一个层次会议的主要议题之一。同时,在 G20 的历次领导人峰会中,其参与方很少直接提出开展全球经济再平衡协调与治理的利益诉求和具体的政策要求。因此,本书只能依据 G20 历次会议中各方对全球经济再平衡协调与治理的各类观点,简单概括包括中美两国在内的全球主要经济体及其在全球经济再平衡协调与治理中的可能利益诉求。

一、美国对全球经济再平衡协调与治理的核心利益诉求

由于G20会议对一国内外经济发展不平衡的治理的关注,并不仅是局限于某一特定国家和地区的贸易和金融发展不平衡,而是扩展到美国与亚洲经济体和石油输出国之间的"全球经济不平衡"及其再平衡协调与治理,因此,其成员方对各国的贸易收支和金融收支治理的实际利益诉求相对更为广泛。同时,由于全球经济再平衡的协调与治理并不是G20会议的唯一议题,因此,在G20的历次领导人峰会及财长和央行行长会议上,除了中美两国之外,其他国家和地区对全球经济再平衡协调与治理的利益诉求和具体政策建议相对偏少。

接下来,本书将对美国在2009—2019年历届G20领导人峰会及G20财长和央行行长会议上对全球经济再平衡的协调与治理明确提出的利益诉求及其自身的实际政策要求进行分析的基础上,归纳美国参与全球经济再平衡协调与治理时可能的利益诉求。具体而言,其利益诉求主要集中在以下四个方面:第一,美国对全球经济再平衡的协调与治理是其应对全球金融危机的即时反应,缓解全球金融危机的不利影响和促进美国经济增长是其参与全球经济再平衡协调与治理的主要利益诉求之一。在美国匹兹堡G20峰会上,美国明确提出了要实施全球经济再平衡,其认为2008年的全球金融危机的重要来源之一是全球经济不平衡,明确提出了一份《可持续与平衡发展框架》的提案,同时指出正是由于亚洲部分国家和地区及石油输出国等出口导向型的经济体获得了大量贸易盈余,再通过对外投资流入美国等经济体,导致其金融市场出现"泡沫经济",进而产生2008年的全球金融危机,因此美国希望通过全球经济再平衡协调与治理,利用G20这一全球经济治理机

制,使 G20 的其他成员方,尤其是发展中国家和地区能尽可能地调整自己的经济政策,从而尽快平衡当前的世界经济发展。第二,利用全球经济再平衡的协调与治理,缓解其国内的失业问题。在2010 年的加拿大多伦多 G20 峰会、韩国首尔 G20 峰会,2011 年的法国戛纳 G20 峰会和 2012 年的墨西哥洛斯卡沃斯 G20 峰会上,美国进一步推动了全球经济再平衡的协调与治理进程。在这一时期,其推动全球经济再平衡协调与治理更多是为了保持自身宏观经济复苏进程,维持各主要国家和地区经济的强劲和可持续与平衡的经济增长,提高其国内就业水平,从而尽快缓解其国内高失业、高赤字和低经济增长速度并存的局面。第三,以外部的全球经济再平衡协调与治理,要求亚洲主要经济体进行本币汇率的调整,维持美国的国内经济增长的复苏态势,并保证其量化宽松货币政策效用的实现。如美国在 2010 年的韩国首尔 G20 峰会上,就由其时任总统奥巴马明确提出部分国家和地区存在干预国内货币市场和维持本币的汇率优势的问题,因此希望通过美元汇率的贬值,使贸易顺差方的巨额美元储备资产价值降低,向贸易顺差方转嫁更多资产损失,使美国在对外净资产收益上实际获利。第四,美国将G20 框架下的全球经济再平衡协调与治理,视为世界贸易组织框架下的全球经济治理的重要替代政策,并将其作为谋求与发展中国家开展双边或多边的全球经济治理谈判的重要平台,谋求建立新的全球经济协调与治理机制,力求在 G20 的框架下,谋求与 G20主要顺差方实现全球贸易再平衡的政策目标,最终希望通过 G20框架下的全球经济治理平台,使更多的发展中国家对美国更大规模地开放国内市场。例如,在 2017 年的德国汉堡 G20 峰会与2018 年的阿根廷布宜诺斯艾利斯 G20 峰会上,美国政府都在这两次会议的主题之外，专门与中国政府进行双边协调，就双边贸易问题展开对话，在2019年的日本大阪G20峰会上，美国总统特朗普甚至在全球数字经济的互联互通这个主要议题下，一方面明确提出美国在此次峰会上的首要任务是推进振兴美国经济的各项贸易协议；另一方面明确提出反对数字经济发展的本地化，力求在G20框架下推动建立一个开放、公平、以市场为基础的数字经济合作体。综上所述，美国仍是希望通过G20框架下的双边或多边谈判，打开其他G20成员方的国内市场，实现贸易规模的扩大以及更多增加美国的实际贸易获益，为提振美国经济，尤其是为促进美国制造业的回归和对外出口的扩大等服务，让美国继续维持其世界第一经济强国的地位。

二、中国在 G20 会议中参与全球经济再平衡调整的利益诉求

中国从2005年的北京G20财长和央行行长会议，就开始关注全球经济不平衡的协调与治理。而2009年美国在匹兹堡G20领导人峰会上提出"全球经济再平衡"，中国就重点将G20框架下的全球经济协调与治理作为平衡外部以贸易流动和金融与资本流动为核心的国际收支波动的重要手段之一，并多次在G20会议上对全球经济再平衡协调与治理议题提出自己的政策主张。如在2010年的英国伦敦G20峰会上，时任国家主席胡锦涛就明确提出要促进开放自由的全球贸易体制的建设，牢牢把握强劲、可持续和平衡增长的三者统一。同时他在2010年和2011年的韩国首尔G20峰会和法国戛纳G20峰会继续关注南北发展不平衡，并再次提出要缩小各国发展差距，实现全球经济的平衡发展。而习近平

主席也在 2013 年的俄罗斯圣彼得堡 G20 峰会与 2014 年的澳大利亚布里斯班 G20 峰会上,继续提出要完善全球经济治理,使之更加公平公正,并进一步在 2015 年的土耳其安塔利亚 G20 峰会上,提出当前的全球经济治理要体现"共商、共建、共享"的价值观和理念,要增加发展中国家在全球经济治理中的发言权。2016 年的中国杭州 G20 峰会的最终公告更是直接提出 G20 要实现健康增长,并首次提出《二十国集团创新增长蓝图》,并将创新增长合作纳入 G20 框架下的新的核心议题。在 2017 年的德国汉堡 G20 峰会上,中国继续创新性地提出"塑造创新联动世界"的理念,将创新增长和绿色增长等新理念作为 G20 的主要议题,并强调 G20 的各成员方在实现这些目标上要成为"责任共同体"。在 2019 年的日本大阪 G20 峰会上,中国更是成为全球数字经济体合作的主要推动方,并明确提出要以 G20 会议为平台,就全球贸易与金融再平衡的协调与治理问题展开双边或多边贸易谈判,以实现各国间的平衡发展。而从历次 G20 会议及中国的自身利益出发,我们对中国在参与全球经济再平衡协调与治理中的利益诉求进行了理论梳理。

具体而言,中国在参与 G20 全球经济再平衡协调与治理,以及对外协调与各国和地区的双边或多边经贸关系时,通常会考虑三个层次的实际经济利益(陈继勇等,2009):中国自身的单方面利益、中国与贸易伙伴的双边共同利益以及多边框架下的共同利益。基于上述三方面的收益,可知中国参与 G20 框架下的全球经济再平衡协调与治理,主要是为了实现四个方面的获益目标。

第一,实现中国技术创新水平的提升,调整中国制造业出口贸易结构。在中国对外贸易格局中,中国在仅获得加工装配生产工序的微薄贸易收益上,承担了对外巨额贸易顺差及其造成的不利影响,而且在持续扩大出口的过程中,中国对世界主要发达国家和地区的内部市场依赖程度不断加深,使中国对主要发达国家和地区的非对称经济依赖性日益提升,因此,中国也需要改善现有的出口贸易方式和获益模式,将现有的加工装配型产业出口结构升级为以自主创新型贸易和生产服务型贸易结构为主。近年来,在G20的多边合作框架推动下,中国加快了在G20框架下推进对外创新合作的步伐,先后在2016年的中国杭州G20峰会、2017年的德国汉堡G20峰会和2019年的日本大阪G20峰会将创新增长、绿色增长和数字经济发展列为G20全球经济治理合作的重要议题,从而充分利用G20成员方间的集体合作和共同力量,为实现中国从制造大国向制造强国的转型服务。

第二,利用G20提供的全球经济治理平台,为中国与发达国家和地区进行全球经济协调与治理和贸易谈判提供更多的路径。长期以来,出口规模的扩大一直是推进中国经济高速增长的主要动力之一,而中国调整贸易顺差的可能路径是减少劳动密集型产品出口,增加对外进口,减少现有的中国贸易顺差规模,而这种调整无疑会对中国的实际利益产生影响,中国不能一味地按照这一调整路径和政策需求,实施贸易领域的规模与结构治理。而G20会议无疑为中国加强与发达国家和地区的双边和多边经济再平衡协调与治理,提供了一个合适的平台及定期交流机制,尤其是未来随着中国从制造大国向制造强国转型,可能在全球价值链的创新环节构成与许多发达国家和地区的直接竞争,使中国尤为需要利用G20平台与世界主要发达国家和地区进行贸易领域的协调与治理。因此,加强在G20框架下的全球经济再平衡协调与治理,增加更多可能路径与平台解决中国的外部发展的不确定性,也是中国参与 G20 框架下的全球经济再平衡协调与治理的重要利益需求之一。

第三,中国需要 G20 全球经济治理平台获得更多经济体在全球经济再平衡协调与治理问题上的政策支持。虽然中国从 2013 年起就在努力通过开拓"一带一路"沿线国家和地区的市场,以降低对美欧等国家和地区市场的进口依赖性,但至今"一带一路"沿线国家和地区的市场仍然无法完全替代西方发达国家和地区的市场,中国迫切需要中亚、南亚、中东、东亚、拉美等地区的更大市场,帮助中国减轻来自外部市场需求增长乏力的压力,而这需要利用 G20 会议作为一个全球经济再平衡协调与治理的平台,加强中国与世界更多大型经济体的各类型政策协调,实现新形势下的全球经济多边治理,以尽可能地降低中国在参与全球经济再平衡协调与治理时的可能损失。

三、其他经济体在 G20 框架下参与全球经济再平衡的利益诉求

首先,在 G20 框架下的全球经济再平衡的协调与治理中,日本、韩国等东亚经济体也是参与全球经济再平衡协调与治理的重要当事方,同时也是 G20 中的重要成员方,在 G20 框架下的全球经济再平衡协调与治理中,其也有相应的利益要求需表达。如日本和韩国就在 G20 的历届会议中明确表述了自己对全球经济再平衡协调与治理的利益需求。例如,日本就在 2011 年的法国戛纳 G20 峰会上明确提出:其不希望通过各主要经济体的本币汇率的无序波动,尤其是通过美元贬值和日元升值的方式,推动全球经济

再平衡协调与治理及解决全球金融危机等问题;在 2019 年的日本大阪 G20 峰会上,更是由日本提出要加强全球数字经济的互联互通与协调发展,信息技术贸易的自由化受到各方的关注。韩国等东亚经济体在 G20 的框架下,则更为关注全球的金融市场稳定,一方面呼吁各国要加强金融监管及其协调,另一方面也十分关注国际资本在韩国的流出入的稳定和均衡问题,希望能保证国际资本在本国的金融市场流入安全和稳定,尤其是希望以韩国首尔 G20 峰会为契机,吸引更多的外部直接投资。而其他亚洲经济体虽然没有明确在 G20 会议中提出调整贸易收支的利益要求,但更多的国家支持日、韩两国在保持本币汇率不过度波动及跨国间资本流动稳定上的相似利益诉求。

其次,欧盟是影响中国参与全球经济再平衡协调与治理成效的重要当事方。相比美国,欧盟更倾向于在 G20 框架下加强多边经济协调与治理,共同参与全球经济再平衡的协调和治理,尤其是在 2009 年开始的欧洲债务危机后,欧盟更倾向于 G20 框架下的多边共同协调与治理。在 2017 年的德国汉堡 G20 峰会上,在德国等欧盟内的国家的推动下,"塑造联动世界""G20 应作为责任共同体""实现可持续平衡经济增长"等成为德国汉堡 G20 峰会的主要议题。因此,可以发现在 G20 的框架下,欧盟更希望在全球经济治理,尤其是在全球经济再平衡协调与治理和可持续的平衡经济增长进程中,发挥更大的作用或者至少不应该被"边缘化",以增加欧盟各成员方在全球自由贸易和金融资本均衡流动的协调与治理中的实际获益。

最后,在 G20 框架下,除了欧盟和东亚经济体之外的其他经济体,在每年的 G20 会议上,对全球贸易再平衡协调与治理的关注度并不高,而更加关注减少全球金融危机的负面影响以及实现全球的可持续平衡经济增长。因此,其主要希望通过参与全球经济再平衡协调与治理,让更多的国家和地区关注实现各国经济的可持续增长,一旦日益兴起的贸易保护主义影响了这些国家和地区经济的可持续增长,其很可能在维护自身经济利益的驱动下,加强与中国、欧盟等经济体的联合,共同与回归贸易保护主义的国家和地区进行双边或多边的贸易和金融谈判,以维持全球经济的可持续平衡增长。

第二节　G20 框架下中国参与全球经济再平衡协调与治理的策略选择

一、中国参与 G20 框架下全球经济再平衡协调与治理的重点领域

自 2005 年中国共产党第十六届中央委员会第五次全体会议提出《中共中央关于制定国民经济和社会发展第十一个五年规划的建议》,将"互利共赢的开放战略"视为中国对外开放进程中处理与各国经贸关系的主要基础和参考准则。因此,中国可以以互利共赢对外开放作为自己在参与全球经济再平衡协调与治理时信奉的行动准则。2017 年,习近平总书记在党的十九大上,进一步对未来中国处理对外开放和外部经济关系的主要指导思想和重点领域,进行了明确界定,归纳而言,其提出主要需从四个重点方面开展对外的互利共赢开放合作。

（一）推进全面开放，坚持"引进来"与"走出去"并重

党的十九大报告明确指出"开放带来进步，封闭必然落后"。因此，中国参与 G20 框架下的全球经济再平衡协调与治理，必须抱着互利、共赢、开放、包容的基本原则，加大在 G20 框架下，与世界主要经济体的开放合作，引进外资数量过多只会增加中国对其他经济体的战略依赖，中国需要平衡对外投资和引进外资的关系，均衡进口和出口，让世界更多国家，尤其是 G20 成员方增加对中国的外部经贸依赖，通过全面对外开放，平衡中国"引进来"与"走出去"的步伐。

（二）加强创新能力开放合作，遵循共商共建共享原则

坚持推进 G20 框架下的创新增长合作，以 G20 多边协调机制推进中国对外学习和引进数字技术，在对外合作中始终坚持平等互利的共商、共建和利益共享的原则，充分利用 G20 框架下的欧盟的成员方尊重规则和制度约束的特点，开展新的高技术创新合作，并以"一带一路"建设为发展重点与契机，加大与可能开展经贸合作的欧盟成员方展开多边框架下的对话与协调，尤其是推进当前的中国—中东欧"17+1"合作机制，尽快在 G20 框架下开展中欧多边协调，将德国等欧盟核心国家拉入这一合作机制，同时，重点加强中欧创新能力的开放合作，尽快利用国内的自由贸易港和自由贸易试验区的改革和建设，建立陆海内外联动、东西双向互动的对外开放新格局。

（三）培育国际贸易业态的新模式，推进贸易强国建设

坚持推进《中国制造 2025》计划的落地和实施，加快推动"四

新"经济的发展,尽快实现工业化与信息化的"两化"融合,转变中国制造业对外贸易中的加工装配模式,培育创新型的国际贸易新模式,以升级贸易结构,增加对外贸易的实际获益,加快制造业创新,实现基础原材料、基础工艺、基础核心零部件及产业技术的自给自足和核心制造,尽快推进从贸易大国向贸易强国的转型,实现从制造大国向制造强国的转变,尤其是要在 G20 会议的主要议程中,更加坚定地增加数字经济、创新增长、信息通信、智能制造、绿色制造的国家合作和利益如何实现共享的相关议题,让 G20 会议成为协助"一带一路"倡议,帮助中国推动创新国际合作和科技研发能力提升的重要平台和机制。

(四)创新对外投资方式,促进国际产能合作

继续在 G20 框架下加强双边和多边贸易、能源、金融和投资的协调,推进高水平的贸易投资自由化和便利化政策,努力向 G20 国家宣扬中国"形成面向全球的贸易、投融资、生产、服务网络"的重大决心和政策导向。其中,重点关注 G20 框架下的全球气候谈判与合作和国际间的产能合作,增加与欧盟成员方、俄罗斯、中东石油生产国之间的共同利益,缓解中国的资源与环境问题,最终通过 G20 框架下的多边协调与治理,增加更多能够保障中国能源、资源和环境安全的合作伙伴。

二、G20 框架下中国参与全球经济再平衡的可行策略

(一)发展好自己,提升与 G20 成员方的相互依赖性

中国应通过 G20 的全球治理平台和更多新的议题设置,积极

和 G20 其他成员方求同存异，找到可以加深共同合作和相互依赖的可能性，开拓中国对外出口的新的合作市场，找到推进中国与 G20 其他成员方关系发展的更多的"压舱石"，以相互间经贸关系加强中国与这些国家和地区的相互依赖，让中国成为这些国家和地区不能失去的重要贸易伙伴，避免 G20 其他成员方在全球经济再平衡协调与治理中形成战略联盟，让中国失去更多的可替代市场，最大程度地保护中国的外部市场和经济利益，推进中国出口贸易的可持续增长。具体而言，当前中国强化外部贸易和金融的协调与治理的前提是发展好国内经济。

从前文的中国内外经济发展水平的测度结果看，中国宏观经济发展的整体情况是在 2008 年之后大多围绕在中等水平上下波动，而相比外部贸易收支指数的波动，中国的内部经济发展指数的波动明显偏高，而从具体的中国内部经济发展指数波动来源结构看，中国政府的公共债务和私人储蓄的比重偏高是其主要原因。2008 年后，在全球金融危机及其带来的各国经济复苏政策争相实施的负面影响下，中国政府的财政净支出大幅增加，以及大量储蓄转变为基础设施投资，使中国的对外进口额持续扩大，外部的贸易收支的负向波动有所放缓；但这是一类被动调整，随着全球经济的复苏，中国对外贸易收支又恢复了正向扩张的趋势，而且国内财政支出和政府投资的增多，加大了中国政府的债务压力，缩小了财政政策调节经济发展的空间，并和国内货币政策的持续实施一起，加大了国内通货膨胀水平提升的压力，而物价上涨也削弱了中国居民名义收入增长带来的财富效应。因此，中国需要提前进行防范，在调整外部的经常项目收支波动之前，首先是协调好国内的股市和房市的发展、地方政府债务危机的缓解以及国内物价水平平稳的治理,避免内外经济发展波动的共同治理对中国经济稳定和可持续发展造成负面影响。

(二)积极参与 G20 框架下公平的经济再平衡标准的制定

目前,由于各自所站的立场和在世界经济发展格局中地位的不同,为了维护自身的对外贸易利益,G20 中关注全球经济再平衡协调与治理的各方,对 2011 年 2 月的法国巴黎 G20 财长和央行行长会议和 4 月的美国华盛顿 G20 财长和央行行长会议制定的评估一国经济不平衡程度的指标、测度方法和参考数值标准,仍存在较大的争议,并在近年来的 G20 会议议题中有所淡化,较少提及。然而,可以预期的是,在各国经济发展速度存在差异的影响下,G20 框架下的全球再平衡协调与治理将重新受到关注,过低的内外部经济发展不平衡的标准设置不利于中国未来的外部经贸利益持续增加。目前,G20 框架下各国的指标标准设置争议,主要集中在经常项目差额占一国 GDP 的比重是 4%还是 5%上,中国一方面需要据理力争,争取 G20 框架下的更多"朋友"支持,提升这一比重值至 5%;另一方面以近年来中国对外资本流出或对外直接投资增多为契机,适当将资本和金融项目的净流出额占一国 GDP 的比重等指标,纳入 G20 框架下评估一国国际收支波动程度的指标体系,并制定相应的参考标准,以有效制衡在 G20 框架下,将国际收支调整的压力过多集中于中国等东亚新兴经济体的身上。尤其需要指出的是,一旦重提 G20 框架下的全球经济再平衡协调与治理的参考标准和指标体系的完善,中国应该更为主动地参与国际收支波动评估指标的设定,在标准的制定过程中要主动参与,保证符合双方贸易现实的公平的国际收支波动评价标准的制定,尤其是要和东亚的日本、韩国,欧盟的德国,中东地区的石油输出国等充分合作,共同参与 G20 框架下评估国际收支波动情况的指标和参考标准的确定:在关注评估一国内部经济波动水平指标的确定基础上,将调整重心放在评估一国外部的国际收支波动指标的设定和完善上,不能让衡量对外贸易波动的指标成为唯一的国际收支波动的评估指标,应更为全面地制定符合一国外部国际收支波动实际的评估指标体系,将国际收支项目中的资本和金融项目的波动纳入评估体系。

(三)主动减税扩大国内需求,避免在全球经济再平衡上发生争议

在中国的外部国际收支调节中,内部市场应成为平抑外部收支剧烈波动的重要力量。中国有庞大的人口规模和日益扩张的内部市场,因此,中国应完善内外联动,以国内市场需求缓解中国外部的国际收支调整的巨大压力。虽然,早在 2008 年全球金融危机爆发之前,中国就提出了扩大国内有效需求的相关政策;但长期以来受制于国内社会保障体系的不完善、国内物价水平持续上扬导致的人们实际收入增长有限,以及东西部地区间和城乡之间普遍存在的收入差距,中国国内的有效消费需求始终没有得到真正激发,也没有充分发挥替代国外需求减少的作用。虽然 2018 年中国适时地调整了个人所得税起征点及各档税率,但以减税来扩大国内市场需求的政策效果并不明显。而一国的外部经济发展通常和内部经济发展密切相关,国内有效需求的不足迫使更多国内企业和外资在华企业,必须将商品出口到国外市场,导致中国外部贸易顺差的扩大。这使得中国只有依靠外部需求的增长,通过出口扩大促进经济增长,使中国的国际收支不平衡难以得到根本的治理。

但本书的贸易渠道调整结果显示:扩大内需可以对中国的一般贸易收支和加工贸易收支的波动产生显著调节效应,是正向调整中国的国际收支波动的根本路径。因此,中国需要继续主动减税,提升国内居民收入,进而扩大国内需求,将出口转内需,有效地抑制中国的国际收支向负向逆差方向波动。

然而,需要注意的是,在通过减税以提高国内收入,促进内需扩大的同时,减税也会导致经济增长,促进出口产品生产能力的提升和出口规模的扩大,即在加快国内经济增长和扩大国内需求的同时,出口的扩大会在一定程度上削弱扩大内需带来的国际收支正向调整的实际效果。因此,需要在扩大内需、加快经济增长和外部的国际收支调整之间找到一个平衡点。即一方面,要在扩大内需和增加出口间找到平衡点,想尽办法让居民增加的收入用于国内产品的需求,让国内资源主要用于满足国内产品的供给和需求,借助调整国际收支波动的契机,优化中国 GDP 的增长来源结构,合理调整中国的经济增长速度和增长来源。另一方面,借助中国调整经济发展方式和增长速度,以及 G20 框架下对环境保护和能源效率提升的关注度提升,重点利用 G20 全球经济协调与治理及其对创新、数字经济、可持续平衡经济增长等议题的关注,解决中国的国内经济增长日趋乏力的问题,将中国参与全球经济再平衡协调与治理的重心首先集中在国内,将国内的公共债务占比和私人储蓄占比等指标控制在较低范围,以迎接更大规模的国际收支再平衡协调与治理。而将参与全球经济再平衡协调与治理的重心集中在国内,也能有效地避免在国际市场上与发达国家和地区展开全面的贸易竞争,减少治理对中国经济发展可能造成的负面效应。

（四）以绿色制造推进"一带一路"与 G20 的对接，转移出口方向

2013 年，中国提出的"一带一路"倡议，是中国在新时代的内外经济开放中，兼顾推动地区经济一体化发展和全球经济秩序与地位竞争的长期规划，其既着眼于推动中国自身经济增长，更是为了改善现有全球价值链及利益分配格局，为中国参与全球经济治理服务。在具体的政策目标中，其致力于建设开放性和包容性的世界经济，以落实 2030 年的全球可持续发展议程；而自 2016 年中国杭州 G20 峰会提出"创新、活力、联动和包容"的世界经济发展理念以来，加强多边合作和协调，通过联动世界推进各国参与全球经济再平衡协调与治理成为 G20 会议的主要目标，尤其是 2017 年德国汉堡 G20 峰会提出的"塑造联动世界"的发展理念，更是凸显了 G20 加强全球经济治理合作，共同开展全球经济协调的发展趋势。因此，从发展方式和理念上，"一带一路"倡议和 G20 全球经济治理在国家间的互联互通、促进全球经济治理和世界经济共同平衡增长上，可以形成对接合作。尤其是中国与欧盟及其成员方，可以在 G20 全球经济治理机制和"一带一路"倡议的对接合作上发挥更大的作用。

目前欧盟及其成员方对中欧贸易顺差问题并不是特别关注，其更为关心全球气候变化合作、能源贸易合作及可持续发展的基础设施建设，中国—中东欧"17+1"合作机制更为中欧双方的对接合作提供了可能。而中国在"一带一路"建设上更加注重绿色丝绸之路、绿色金融等，并明确提出要将《中国制造 2025》直接对接德国的工业 4.0 计划；在"一带一路"开通的"中欧班列"，每周已

经有 20 个以上,到达德国的杜伊斯堡和汉堡等城市;同时,《中国制造 2025》提出的绿色制造理念也符合以德国为核心的欧盟的产业发展理念,因此,未来"一带一路"倡议和 G20 会议可在打造人类命运共同体、利益共同体以及 G20 框架下的"责任共同体"的共同支持下,联动推进中欧经贸合作,让欧盟在 G20 框架下,通过"一带一路"倡议的延伸、对接与合作,更多地开放其内部市场,让中国对外出口更加的多元化,深化中欧双方在 G20 框架下的可持续基础设施、能源贸易、气候减排和双边经贸合作。

(五)关注 G20 框架下的创新合作,以智能制造争取欧盟的支持

长期以来,创新都是美国、欧盟等发达国家和地区的"专利"和获利的核心来源。而从 2008 年全球金融危机爆发后,各国充分意识到宏观经济"脱实向虚"的坏处,认识到一国经济发展的根本基础仍然是实体经济,而非金融等虚拟经济。推进自身经济增长和增强国际竞争力的根本仍然是技术创新,各国纷纷提出了面向 2020 年和 2030 年的科技创新战略,如美国的《先进制造业计划》和《美国国家创新战略》、德国的《德国工业 4.0 战略计划实施建议》、法国的《法国—欧洲 2020》等(黄茂兴,2019)。而中国也在 2015 年提出了自己的制造强国第一个 10 年行动计划《中国制造 2025》,科技创新及其合作已经成为 G20 成员方关注的主要议题之一。2016 年以后的历届 G20 峰会都将创新增长作为其中最重要的议题之一。尤其是 2016 年中国杭州 G20 峰会更是将加强成员方之间的科技创新合作落到了实处,相继发布了《二十国集团创新增长蓝图》和《2016 年二十国集团创新行动计划》等一系列的具体成果文件。目前，G20 框架下加强各方之间的科技创新合作是大势所趋，中国应该抓住德国、法国、英国、加拿大等 G20 重要成员方实施创新政策推动发展的历史机遇，不断拓展 G20 框架下的多边合作和协同创新机制，进行六个方面的科技创新合作。

第一，以智能制造为主线，重点加强与德国和法国的制造业创新合作与战略对接，主动落实 G20 的科技创新部长会议的各项精神、要求和具体文件，以遵守制度安排，获得欧盟国家的合作和支持。

第二，完善科技部部长间的定期交流机制，巩固 G20 框架下的高层间互信、交流和合作。在 G20 的全球治理框架下，许多国家和地区还是愿意和中国进行制造业领域的高技术创新合作，毕竟中国拥有全世界相对较为完备的制造业配套产业链，任何国家和地区如果想将资源和人员集中在创新领域，中国的制造业配套产业链的支持将会是其重要助力和保障之一，因此 G20 框架下主要国家与中国的科技创新合作是有基础的。而增加 G20 框架下各国政府高层人员间的政治互信、密切部长级以上的政府高层人员间交往，扩大各国之间的政府部门、科研部门和高校之间的多层次往来，是推进各国间科技研发合作的有效途径和重要基础，尤其是要坚持 G20 框架下的科技创新部长的会议机制，甚至建立定期的交流机制以增加相互沟通，这是有效协调各国间高技术贸易规模扩大与合作创新中存在的矛盾的关键。

第三，完善利益分配、共享和保护机制。在 G20 的创新合作框架下，尽快制订国家间的利益分配原则，在充分考虑不同国家的实际发展现实的基础上，进行利益分配和共享的体制机制设计；完善知识产权保护、合作和联动机制，建立 G20 框架下的知识产权保护的争端解决机制;针对基础创新研究和应用创新研究的特性,确立政府对不同类型技术创新的支持标准,重点制定政府支持科技创新的标准和争端解决机制的建设;完善 G20 框架下的科技创新对话机制,构建 G20 框架下的创新合作平台,加强科技创新冲突和摩擦协调的体制和机制建设,完善各国法律体系间的一致协调,建立可以有效保障创新合作主体权益的法律、法规和相关制度。

第四,在 G20 的各层次会议上,鼓励成员方建立不同层次国家间的创新合作协议,重在落实,出台具体领域的合作规划。

第五,推进项目制创新合作,建立 G20 框架下各个具体行业的创新合作平台。并在此平台上,提倡开展国际科技创新项目的合作研发,尤其是在基础科学和前沿研究领域,构建国际联合研究中心,推进具体项目的建设,构建国际科研项目的跨境协作创新网络,以利益共享、成果共保、风险共担、效益共评等方式开展合作创新。

第六,建立全球性的人才共享网络,尤其是实现 G20 范围内的高端人才的交流合作机制,促进非敏感高技术领域的人才自由流动和交流平台建设,加强 G20 成员方的大学和科研机构的学术交流、人才培养和技术传播,最大限度地发挥人才资源对科技创新的重要作用和外溢效应。

(六)以 G20 的数字经济合作为契机,扩大非敏感高技术的多边贸易

改革开放四十多年来,虽然中国一直主要从事全球产业链中的加工装配生产环节,在技术自主创新环节上还没有完全占据世

界主导地位。然而,从2015年公布的《中国制造2025》对目前中国制造业科技创新能力提升成绩的现状界定来看,通过对外进口核心制造业零部件以及对国外技术的长期学习,中国不断地在"干中学"中提升了自身的技术创新能力,2010年中国已经成为世界第一制造大国,这从一定程度上说明中国的技术创新能力在提升,尤其是在信息与通信制造业的技术创新水平上提升很快。目前,中国需要借助G20成员方的力量,结合2017—2019年G20不同层次会议对创新和数字经济发展议题的关注点,继续重点推进G20框架下的创新增长和数字经济发展的合作,一方面,以推进中国参与G20框架下的数字经济合作为契机,加大对国内信息通信技术等数字经济产业的政策支持和经济利益补偿;另一方面,以数字经济合作,加强与G20各主要成员方的协调与治理为契机,推进G20框架下的数字治理的民主化、规范化、管理系统化和机制化,以全球数字经济发展的多方共治、利益共享及共商共建为名,扩大中国与G20其他成员方的高技术贸易规模与数字经济发展的合作。

需要注意的是,在短期内,中国应该从尽可能地避免中国与发达国家的高技术产品贸易竞争的角度入手,选择非高端类和非敏感类的民用高技术入手,重点从人工智能、数字化人才培养和智能制造等,开展对外高技术贸易和创新技术研发的合作。当前,非敏感类的高技术对外贸易与投资合作是中国开展G20框架下的数字经济全球治理合作的重要内容。在进入《中国制造2025》的第2个10年,中国可以逐步将数字经济发展的产业重心从智能制造产业向新一代信息技术、高端装备制造业、生物制药、生命科学、关键高新材料等高技术产业延伸,形成新的中心产业,让信息化和工业化间的"两化融合"真正实现,并在这些领域深化与 G20 国家的信息化高技术合作与贸易交流。确定数字经济的新的产业发展中心将是中国数字经济对外合作的重心和主要路径之一。

(七)关注 G20 工商峰会机制合作,争取 G20 国家受损利益集团支持

目前,G20 层次的全球经济治理协调平台主要有三类:G20 国家的领导人峰会、G20 财长和央行行长会议以及 G20 工商峰会。长期以来,中国的政界和学术界都更为关注 G20 领导人峰会和 G20 财长和央行行长会议的全球经济协调与治理作用,一定程度上忽略了通过 G20 工商峰会,在破除全球贸易保护主义和实现全球经济再平衡上的重要作用。G20 工商峰会起源于 2010 年,会议参加方包括 G20 内的知名跨国公司的企业领导人,主要工商协会的负责人,世界银行、国际货币基金组织和世界贸易组织的主要负责人以及世界各类知名的智库的负责人,其在全球和 G20 各成员方的工商界产生着重要影响,并以各主要国家内的利益集团的形式和影响路径,对各国的政府决策和参与全球经济再平衡协调与治理产生重要影响。

中国应该在重视 G20 框架下的政府领导人和政府机构间对话的基础上,更为关注 G20 各成员方的民间企业组织及其所属利益集团对中国参与全球经济再平衡协调与治理的积极影响。以美国企业集团和美国的国内利益集团为例,美国是一个利益集团众多的国家,利益集团对美国政府决策的影响贯穿于其政策决策过程的始终,在美国的首都华盛顿,甚至存在许多公司,专门作为这些利益集团的代言人,帮助他们游说美国政府作出有利于其利益

的相关政策决策。与此同时,G20范围内的德国、日本等其他国家的在华外资企业,其所在母国也有利益集团对所在国政府造成政策决策的影响,其也会通过所属的利益集团,游说所在国家和地区的政府,加强与美国政府的双边政策协调,要求美国实施有利于其利益诉求的全球经济再平衡协调与治理政策。基于此,中国有必要关注G20工商峰会,通过民间企业组织,加强与G20工商峰会框架下的企业组织领导人的沟通与协调,争取获得G20国家的关键工商企业和全球各大智库的支持,促使其帮助中国应对全球经济再平衡协调与治理及其可能产生的影响。

(八)以金融改革为契机,加深G20框架下跨境资本市场和金融领域的合作

前文的实证结果显示,一国的金融发展差异可能对金融渠道调节一国的外部收支波动效果产生差异化影响,但不同领域的金融发展差异产生的影响也有所不同。中国应该在金融市场结构和金融投资对象上开展金融改革,主要改善目前单一依靠以银行融资为主的融资市场结构,增加外部投资收益的净流入,扩大中国对外资本和金融市场交往中的正估值效应。将中国金融市场的多元化特色和服务特色突出,支持其发展。尤其是在G20框架下加强国家间的全球金融治理合作,学习西方发达国家金融市场发展的成功经验,特别是学习发达国家如何处理银行体系内的呆账、坏账、发达国家证券市场和保险市场如何成功运行,以及如何加强G20国家间金融监管的联动发展。在保持政府官方储备充足和金融市场可控的前提下,渐进式地审慎推进中国的资本项目和金融市场开放,提升中国金融市场的对外吸引力和金融服务水平,注重

金融深化、金融结构优化和金融开放对中国估值效应影响的评估分析，提升金融渠道调节中国外部的国际收支波动的效用。

（九）以"一带一路"与人民币国际化结合为契机，推进国际货币体系的全球治理

第二次世界大战结束后，美国为什么可以忍受贸易逆差，原因主要是美元的国际货币地位及其发达的金融市场，吸引了世界其他国家和地区将金融资本大量流向美国，支持了美国经济的持续增长和金融市场的日益繁荣。如德国、日本和中国等贸易盈余国就将获得的巨额美元储备，用于购买美国国内低收益率的美国政府债券和其他美元资产，支持了美国对外投资的持续扩大，使美国获得的估值效应等"暗物质"收益规模庞大。

中国需要充分利用 G20 全球经济再平衡协调与治理机制，利用欧盟部分国家和日本想要改变美元在国际货币体系中的地位，争取在 G20 框架下得到欧、日等国家和地区的支持，共同调整当前的国际储备货币资产的比例。同时，利用 G20 全球经济治理平台与"一带一路"倡议对接的历史机遇，首先在"一带一路"地区大力推进人民币国际化；其次逐步推广到 G20 框架下的与发展中国家开展人民币国际化的合作；最后过渡到 G20 框架下所有国家和地区的人民币国际化合作，并逐步改变中国的外汇储备货币来源，提高欧元、日元、IMF 特别提款权乃至黄金在其中的比例，最终大幅度地降低中国对美元资产的依赖，合理增加中国在金融领域的实际收益，提升中国在国际货币体系中的话语权，尤其是增加中国在国际货币基金组织和世界银行中的投票权，实现中国合理参与全球经济再平衡协调与治理以及增加中国实际经济利益等众多政

策目标。

（十）加强与G20能源类国家合作，共同应对全球能源贸易再平衡协调与治理

在G20的框架下的全球经济再平衡协调与治理中，美国与主要石油输出国间的石油等能源商品及其他大宗商品的贸易不平衡和治理，也是其关注的重点内容之一。而中国石油需求的50%以上依赖国外进口，因此其受世界石油市场供求关系和市场价格的影响很大。而石油输出国组织中的领导国和最主要的成员方——沙特阿拉伯是G20的成员方，目前沙特阿拉伯的石油已探明储量位居世界第一位，约占世界石油总储量的1/4，其石油产品涉及从重油到轻油的所有品种，可以满足世界所有炼油厂的需求，是世界最重要的石油出口方。在参与G20框架下的全球能源贸易再平衡协调与治理中，作为全球石油及大宗商品的主要进口方，中国应主要利用G20的全球经济再平衡协调与治理机制，关注全球能源价格的合作治理，稳定和控制好全球市场的能源价格。同时，积极扩大对外能源和资源类商品的进口。近年来，中国的出口贸易是以高耗能、高投入、低价格和低质量为主要特征，产品附加收益低，对环境和资源的破坏力度也大，而以制造强国为目标的《中国制造2025》的提出，使得发展环境友好型和资源节约型的产业贸易，成为中国经济、产业和贸易转型升级的主要目标，中国也有意愿增加能源和大宗商品的进口，因此，中国需要以G20为平台，加强与石油输出国家的协调合作，在符合中国利益的基础上扩大进口。

综上所述，在当前的G20全球经济治理议题中，全球可持续平衡增长是重要议题，而能源和资源贸易的增长与协调又是其中

的关键内容。在其中的具体议题中,能够增加中国实际经济利益的手段就是控制能源和大宗资源类商品价格的上涨,保证中国能源和大宗商品进口的可持续性,维护中国的能源和资源安全。基于此,中国要充分利用 G20 全球经济再平衡协调与治理,在 G20框架下加强与沙特阿拉伯、俄罗斯和墨西哥等石油生产大国,以及对中东石油生产国产生重要影响的美国、德国、法国、英国和欧盟整体的双边或多边协调,稳定中国能源和资源类产品的进口,维护中国的能源安全和环境保护利益。

参 考 文 献

1.包群、阳佳余:《金融发展影响了中国工业制成品出口的比较优势吗》,《世界经济》2008 年第 3 期。

2. 陈继勇、刘威:《美中贸易的"外资引致逆差"问题研究》,《世界经济》2006 年第 9 期。

3. 程实:《基于均衡视角的财政货币政策搭配研究》,复旦大学2007 年博士学位论文。

4. 陈建奇:《中国是否接受外部失衡上限对称性约束?》,《国际贸易》2011 年第 4 期。

5. 陈继勇、刘威:《产品内分工视角下美中贸易失衡中的利益分配》,《财经问题研究》2008 年第 6 期。

6. 程希、舒艳:《估值效应波动——基于面板 VAR 的分析》,《国际金融研究》2014 年第 5 期。

7. 陈继勇、胡渊:《中国实施互利共赢的对外贸易战略》,《武汉大学学报(哲学社会科学版)》2009 年第 5 期。

8. 陈志勇、夏晶:《中国经济内外失衡的测度与分析——基于经济失衡度指标体系的构建》,《当代财经》2012 年第 7 期。

9. 陈学彬、徐明东:《本次全球金融危机对我国对外贸易影响的定量分析》,《复旦学报》2010 年第 1 期。

10. 陈宝森:《中美贸易逆差的原因及中国企业的对策》,《中国经营报》2003 年 11 月 10 日。

11. 樊纲、关志雄、姚枝仲:《国际贸易结构分析:贸易品的技术分布》,《经济研究》2006 年第 8 期。

12. 范小云、肖立晟、方斯琦:《从贸易调整渠道到金融调整渠道——国际金融外部调整理论的新发展》,《金融研究》2011 年第 2 期。

13. 方晋:《G20 机制化建设与议题建设》,《国际展望》2010 年第 3 期。

14. 郭其友、王春雷:《中美贸易的利益分配——基于产出与消费视角的理论经验分析》,《厦门大学学报(哲学社会科学版)》2011 年第 4 期。

15. 高越:《国际生产分割模式下企业价值链升级研究》,人民出版社 2019 年版。

16. 黄明皓:《汇率在全球经济再平衡中的作用》,《南方金融》2010 年第 4 期。

17. 贺力平、林娟:《论外汇投资中的估值效应及其经济影响》,《金融评论》2011 年第 6 期。

18. 韩秀兰、李宝瑜:《基于协整模型的我国投资规模失衡性研究》,《统计与决策》2008 年第 11 期。

19. 黄薇、韩剑:《G20 参考性指南:治理全球经济失衡的第一步》,《金融评论》2012 年第 1 期。

20. 黄茂兴:《G20 科技创新:以开放合作助力机制化建设》,《光明日报》2019 年 6 月 24 日。

21. 汲凤翔:《宏观投资效益评价指标体系研究及实证分析》,《统计研究》2007 年第 9 期。

22. 廖泽芳、雷达:《全球经济失衡的利益考察——基于估值的视角》,《世界经济研究》2012 年第 9 期。

23. 雷达、赵勇:《中美经济失衡的性质及调整:基于金融发展的视角》,《世界经济》2009 年第 1 期。

24. 刘光溪、陈文纲:《中美贸易失衡的最大得益者:美国企业和消费者——兼析不同经济发展水平国家在全球化中的得益情况》,《国际贸易》2006 年第 7 期。

25. 林玲、葛明、赵素萍:《基于演进视角的中国属权贸易利益统计研究》,《国际贸易问题》2013 年第 11 期。

26. 李宝瑜:《中国宏观经济失衡指数研究》,《统计研究》2009 年第 10 期。

27. 雷达等:《金融危机下的全球经济:从失衡到平衡》,《世界经济研究》2010 年第 3 期。

28. 卢向前、戴国强:《人民币实际汇率波动对我国进出口的影响:1994—2003》,《经济研究》2005 年第 5 期。

29. 梁琦、王洪亮、黄瑞玲;《中美、中日双边贸易收支的影响因素及其比较研究》,《管理世界》2005 年第 5 期。

30. 林玲、段世德:《经济全球化背景下的中美贸易利益分配研究》,《世界经济与政治论坛》2008 年第 4 期。

31. 林季红、孟静:《国际垂直专业化对中美顺差的影响》,《世界经济研究》2012 年第 11 期。

32. 刘威:《经济全球化背景下的美中贸易失衡研究》,武汉大学出版社 2009 年版。

33. 刘威:《失衡中的利益分配与中国贸易调整》,社会科学文献出版社 2014 年版。

34. 刘威、王方舟、陈继勇:《中国贸易失衡调整路径实效的比较研究——基于 2008—2013 年月度数据的实证检验》,《国际贸易问题》2015 年第 2 期。

35. 刘威、黄晓琪、郭小波:《金融异质性,金融调整渠道与中国外部失衡短期波动》,《金融研究》2017 年第 7 期。

36. 刘威、舒琪、金山:《基于 G20 评估体系的中国宏观经济失衡测度》,《世界经济研究》2015年第10期。

37. 刘威、黄晓琪:《FDI行业差异与中国制造业相对出口收益增长——基于26个行业的统计测度与实证检验》,《山西财经大学学报》2018年第8期。

38. 黎峰:《全球价值链下的出口产品结构与贸易收益——基于增加值视角》,《世界经济研究》2016年第3期。

39. 卢向前、戴国强:《人民币实际汇率波动对我国进出口的影响:1994—2003》,《经济研究》2005年第5期。

40. 麦金农、邹至庄:《国际著名学者关于人民币升值是非评说》,《国际经济评论》2005年第5期。

41. 齐俊妍、王永进等:《金融发展与出口技术复杂度》,《世界经济》2011年第7期。

42. 沈国兵:《美中贸易逆差与人民币汇率:实证研究》,《南开经济研究》2004年第6期。

43. 宋玉华:《美国新经济研究——经济范式转型与制度演化》,人民出版社2002年版。

44. 孙华好、许亦平:《贸易差额的衡量:基于所有权还是所在地》,《国际贸易问题》2006年第5期。

45. 孙丽丽:《从应急机制到合作平台——G20正在成为全球经济治理的首要机制》,《亚非纵横》2010年第5期。

46. 宋效军、陈德兵、任若恩:《我国外部均衡调节中的估值效应分析》,《国际金融研究》2006年第3期。

47. 宋玲:《国内需求对国际贸易格局影响的实证分析——刺激内需与世界贸易》,《中国商贸》2010年第17期。

48. 孙文涛、赵俏姿:《国际贸易利益分配及其政策的相机抉择》,《上海企业》2002年第9期。

49. 宋玉华、朱思敏:《垂直专业化的贸易利益分配机制研究》,《世界经济研究》2008年第3期。

50. 盛斌:《中国对外贸易政策的政治经济分析》,上海人民出版社2002 年版。

51. 汪素芹、史俊超:《我国工业制成品贸易条件变动的实证研究:1995—2006 年》,《财贸经济》2008 年第 8 期。

52. 王博、刘澜飚:《金融渠道对中国外部失衡调整的影响研究》,《经济学动态》2013 年第 11 期。

53. 王国刚:《走出"全球经济再平衡"的误区》,《财贸经济》2010年第 10 期。

54. 王道平、范小云:《现行的国际货币体系是否是全球经济失衡和金融危机的原因》,《世界经济》2011 年第 1 期。

55. 徐建炜、姚洋:《国际分工新形态、金融市场发展与全球失衡》,《世界经济》2010 年第 3 期。

56. 肖立晟、陈思翀:《中国国际投资头寸表失衡与金融调整渠道》,《经济研究》2013 年第 7 期。

57. 徐德云:《产业结构均衡的决定及其测度:理论解释及验证》,《产业经济研究》2011 年第 3 期。

58. 余永定:《全球国际收支失衡:中国视角》,《国际经济评论》2006 年第 5 期。

59. 叶永刚、胡丽琴、黄斌:《人民币实际有效汇率和对外贸易收支的关系——中美和中日双边贸易收支的实证研究》,《金融研究》2006年第 4 期。

60. 张建清、熊灵:《中美经贸关系的政治经济分析》,《国外社会科学》2007 年第 6 期。

61. 张燕生:《全球经济失衡条件下的政策选择》,《国际经济评论》2006 年第 2 期。

62. 曾铮、张路路:《全球生产网络体系下中美贸易利益分配的界定——基于中国制造业贸易附加值的研究》,《世界经济研究》2008 年第 1 期。

63. 张小蒂、孙景蔚:《基于垂直专业化分工的中国产业国际竞争力分析》,《世界经济》2006 年第 5 期。

64. 祝丹涛:《金融体系效率的国别差异和全球经济失衡》,《金融研究》2008 年第 8 期。

65. Amelia U. Santos-Paulino, "Trade Specialization, Export Productivity and Growth in Brazil, China, India, South Africa, and a Cross Section of Countries", *Economic Change and Restructuring*, Vol. 44, No.4, 2011.

66. Arndt, Sven W., "Globalization and the Open Economy", *North American Journal of Economics and Finance*, Vol.8, No.1, 1997.

67. Agustin S. Benetrix, Philip R. Lane and Jay C. Shambough, "International Currency Exposures, Valuation Effects and the Global Financial Crisis", *Journal of International Economics*, Vol.96, No.7, 2015.

68. A. Fracasso and S. Schiavo, "Global Imbalances, Exchange Rates Adjustment and the Crisis: Implications from Network Analysis", *Journal of Policy Modeling*, Vol.31, No.5, 2009.

69. Bernanke, B., *The Global Saving Glut and the US Current Account Deficit*, A Speech at the Board of Governors of the US Federal Reserve System, at the Sandridge Lecture, Virginia Association of Economics, Richmond, Virginia, 2005.

70. Bahmani-Oskooee, "Cointegration Approach to Estimate the Long-run Trade Elasticities in LDCs", *International Economic Journal*, Vol.12, No.3, 1998.

71. Balassa B., *Trade Liberalization among Industries*, New York, McGraw-Hill, 1967.

72. Balassa B., "Trade Liberation and 'Revealed' Comparative Advantage", *The Manchester School of Economic and Social Studies*, Vol.33, 1965.

73. Bergin, Paul, Steven Sheffrin, "Interest Rates, Exchange Rates and Present Value Models of the Current Account", *Economic Journal*, Vol.110, No.463, 2000.

74. Blanchard, Olivier, Francesco Giavazzi and Filipa Sa, "The US Current Account and The Dollar", *Brookings Papers on Economic Activity*, Vol.71, No.1, 2005.

75. Blanchard, Olivier and Gian Maria Milesi-Ferretti, "Why Should Current Account Balances Be Reduced?", *IMF Economic Review*, Vol.60, No.1, 2012.

76. Bac Xuan Nguyen, "The Determinants of Vietnamese Export Flows: Static and Dynamic Panel Gravity Approaches", *International Journal of Economics & Finance*, Vol.12, No.4, 2010.

77. Caballero R., Farhi E., Gourinchas, "An Equilibrium Model of 'Global Imbalances' and Low Interest Rates", *American Economic Review*, Vol.98, No.2, 2008.

78. Clarida, R., Gali, J., Gertler, M., "The Science of Monetary Policy a New Keynesian Perspective", *National Bureau of Economic Research*, No.7147, 1999.

79. Chinn, M. D. and Ito, H., "Current Account Balances, Financial Development and Institutions: Assaying the World Savings Glut", Journal of Internatioal Money and Finance, Vol.26, No.4, 2007.

80. Chinn M.D. and Ito H., "What Matters for Financial Development? Capital Controls Institutions, and Interactions", *Journal of Development Economics*, Vol.81, No.1, 2006.

81. Chinn, M. D. And Ito, H., "East Asia and Global Imbalances: Saving, Investment, and Financial Development", *Paper prepared for* 18th *Annual NBER-East Asian Seminar on Economics*, "Financial Sector Development in the Pacific Rim", June, 2007.

82. Chow, Lin, "Best Linear Unbiased Interpolation, Distribution, and Extrapolation of Time Series by Related Series", *Review of Economics & Statistics*, Vol.53, No.4, 1971.

83. Dudley, W. C., Mckelvey, E. F., *The U. S. Budget Outlook*: *A Surplus of Deficit*, New York: Goldman Sachs, 2004.

84. David Hummels, Jun Ishii, Kei-Mu Yi, "The Nature and Growth of Vertical Specialization in World Trade", *Journal of International Economics*, Vol.54, No.1, 2001.

85. Edwards, S., "Is the U. S. Current Account Deficit Sustainable? And If Not, How Costly is Adjustment Likely to Be?", *Brookings Papers on Economic Activity*, Vol.1, 2005.

86. Filipa Sa and Francesca Viani, "Shifts in Portfolio Preferences of International Investors: An Application to Sovereign Wealth Funds", *Review of International Economics*, Vol.21, No.5, 2013.

87. F. Ghironi, J. Lee and A. Rebucci, "The Valuation Channel of External Adjustment", NBER Working Paper, No.12937, 2007.

88. Groenewold N., Lei He, "The US-China Trade Imbalance: Will Revaluing the RMB Help Much?", *Journal of Economic Letters*, Vol.96, No.1, 2007.

89. Galina Tikhomirova, "Analyzing Changes in Industry Structure", CSES Working Paper, No.11, 1997.

90. Gourinchas P.O., Rey H., "From World Banker to World Venture Capitalist US External Adjustment and the Exorbitant Privilege", in R.Clarida edit. *G7 Current Account Imbalances*: *Sustainability and Adjustment*, University of Chicago Press, 2007.

91. Gourinchas P.O., Rey H., "International Financial Adjustment", *Journal of Political Economy*, Vol.115, No.4, 2007.

92. Gourinchas P.O., Rey, H. and Govillot, "Exorbitant Privilege and

Exorbitant Duty", *Discussion Paper Series*, *Institute for Monetary and Economic Studies*, Bank of Japan.2010.

93. Gruber J. and Kamin S., "Do Differnence in Financial Development Explain The Global Pattern of Current Account Imbalances?", *Review of International Economics*, Vol.17, No.4, 2009.

94. Ha Nguyen, "Valuation Effects with Transitory and Trend Productivity Shocks", *Journal of International Economics*, Vol. 85, No.2, 2009.

95. Hansen, B. E., "Sample Splitting and Threshold Estimation", *Econometrica*, Vol.68, No.3, 2000.

96. Hausmann, R. and F. Strurzenegger, "Global Imbalance or Bad Accounting? The Missing Dark Matter in the Wealth of Nations", CID working paper, No.124, Harvard University, 2006.

97. Haddad, M., "Trade Integration in East Asia: The Role of China and Production Network", World Bank Policy Research Working Paper, No.4160, 2007.

98. Hummels D., Ishii J., Yi K. M., "The Nature and Growth of Vertical Specialization in World Trade", *Journal of International Economics*, Vol.54, No.1, 2001.

99. Hausmann R., Hwang J., Rodrik D., "What You Export Matters", *Journal of Economic Growth*, Vol.12, No.1, 2007.

100. Jiangdong Ju, Shang-jin Wei, "Current Account Adjustment: Some New Theory and Evidence", NBER Working Paper, No. 13388, September 2007.

101. Ju, J. and Wei, S. J., "A Solution to Two Paradoxes of International Capital Flows", *Economic and Political Studies*, Vol. 2, No.1, 2014.

102. Jamel Saadaoui, "Does Financial Openness Explain the Increase

of Global Imbalances before the Crisis of 2008?", *International Economics*, Vol.143, No.10, 2015.

103. Kojo Menyah, Saban Nazlioglu, Yemane Wolde-Rufael, "Financial Development, Trade Openness and Economic Growth in African Countries: New Insights from A Panel Causality Approach", *Economic Modelling*, Vol.37, No.2, 2014.

104. Kiyoshi K., "The Pattern of Triangular Trade among the U.S.A., Japan and Southeast Asia", *The Developing Economies*, Volume 1, Issue Supplement S1, August 1962.

105. Klitgaard T., Schiele K., "The Growing U.S. Trade Imbalance with China", *Current Issues in Economics and Finance*, Vol.3, No.7, 1997.

106. Koopman R., Wang Z., Wei S.J., "Tracing Value-added and Double Counting in Gross Exports", NBER Working Paper, 2012.

107. Lardy, Nicholas R., "Is China an Effective Foreign Policy Tool?", *Background Paper*, the Brookings Institute, May 22.1997.

108. Lardy, Nicholas R., "Is China a 'Closed' Economy?", *Prepared Statement for a Public Hearing of the United States Trade Deficit Review Commission*, the Brookings Institute, February 24, 2000.

109. Leamer, Edward E., "The Effects of Trade in Services, Technology Transfer and Delocalization on Local and Global Income Inequality", *Asia-Pacific Economic Review*, Vol.2, No.1, 1996.

110. Lall, S., "The Technological Structure and Performance of Developing Country Manufactured Exports, 1995-1998", *Oxford Development Studies*, Vol.28, No.3, 2000.

111. Lane, P. and Milesi-Ferretti, G.M., "The External Wealth of Nations Mark II: Revised and External Estimates of Foreign Assets and Liabilities, 1970 - 2004", *Journal of International Economics*, Vol.73, No.2, 2007.

112. Lane, P. and Jay C. Shambaugh, "Financial Exchange Rates and International Currency Exposures", *American Economic Review*, Vol. 100, No. 1, 2010.

113. Lane, P. Gian M. Milesi-Ferretti, "Global Imbalances and External Adjustment after the Crisis", IMF Working Paper, Social Science Electronic Publishing, Vol. 14, No. 151, 2014.

114. Lachica, Eduardo, "China Criticized for Failing to Heed 1992 Accord Opening Market to U.S.", *Wall Street Journal (Eastern Edition)*, No. 2, 1996.

115. Mckinnon Ronald I., "The International Dollars Standard and the Sustainability of the U.S. Current Account Deficit". *Brookings Papers on Economic Activity*, Vol. 2001, No. 1, 2001.

116. Mare Randveer, Martti Randveer, "Structural Changes in Estonian Economy", *The Business Review*, Vol. 12, No. 2, 2006.

117. Mann, Catherine L., "The U.S. Current Account, New Economy Services, and Implications for Sustainability", Review of International Economics, Vol. 12, No. 2, 2004.

118. Martin S. Feldstein, "The Role of Currency Realignments in Eliminating the U.S. and China Current Account Imbalance", NBER Working Paper, No. 16674, January 2011.

119. Mendoza E., Vincenzo Quadrini, Jose-Victor Rios-Rull, "Financial Integration, Financial Deepness, and Global Imbalances", CEPR Discussion Paper, No. 6149, 2007.

120. Mohamed Saadi, "Does Foreign Direct Investment Increase Exports' Productivity? Evidence from Developing and Emerging Countries", International Review of Applied Economics, Vol. 28, No. 4, 2014.

121. Milesi-Ferretti, Gian Maria and Assaf Razin, "Current Account Reversals and Currency Crises: Empirical Regularities", NBER Working

Paper, No. 6620, June, 1998, in P. Krugman（Ed）, Currency Crises, University of Chicago Press, 2000.

122. Melitz, M. J., "The Impact of Trade on Intra-Industry Reallocations on Aggregate Industry Productivity", *Econometrica*, Vol. 71, No.6, 2003.

123. Obstfeld, Maurice, "Aggregate Spending and the Terms of Trade: Is There a Laursen-Metzler Effect", *Quarterly Journal of Economics*, Vol.97, No.2, 1982.

124. Obstfeld, Maurice and Rogoff K., *The International Approach to the Current Account*, In handbook of International Economics, Vol.3, edited by Gene M. Grossman and Adjustment（Richard Clarida, ed）, NBER-University of Chicago Press, 1995.

125. Popov V., "Global Imbalances: An Unconventional View", MPRA Working Paper, No. 28110, University Library of Munich, Germany, 2010.

126. Paul A.Samuelson, "Where Ricardo and Mill Rebut and Confirm Arguments of Mainstream Economists Supporting Globalization", *Journal of Economic Perspectives*, Vol.18, No.3, 2004.

127. Pierre-Olivier Gourinchas, Helene Rey and T. Kai, "The Financial Crisis and the Geography of Wealth Transfers", *Journal of International Economics*, Vol.88, No.2, 2012.

128. Pierre-OlivierGourinchas and Helene Rey, "External Adjustment, Global Imbalances and Valuation Effects", NBER Working Paper, No.19240, 2013.

129. R. Hausmann and Federico Sturzenegger, "The Valuation of Hidden Assets in Foreign Transactions: Why 'Dark Matter' Matters", *Business Economics*, Vol.42, No.1, 2007.

130. Ricardo J.Caballero, Arvind Krishnamurthy, "Global Imbalance

and Financial Fragility", NBER Working Paper, No.14688, January 2009.

131. Rose A.K., Yellen, Janet L., "Is There a J-curve?", *Journal of Monetary Economics*, Vol.24, No.1, 1989.

132. Rodrik, D., "What's So Special about China's Exports?", China and World Economy, Vol.14, No.5, 2007.

133. Stefan Schneider, "Global Imbalances: The U.S.Current Account Deficit", *Deutsche Bank Research*, Workong Paper, June 10, 2004.

134. Stephan Sabine, "German Exports to the Euro Area", *Empirical Economics*, Vol.31, No.4, 2006.

135. Svensson L.E.O., Razin A., "The Terms of Trade and the Current Account: The Harberger-Laureen-Metzler Effect", *The Journal of Political Economy*, Vol.91, No.1, 1983.

136. Stephanie E.Curcuru, Charles P.Thomas and Francis E.Warnock, "On Returns Differentials", *Journal of International Money & Finance*, Vol.36, No.9, 2013.

137. Tille Cédric, "Financial Integration and the Wealth Effect of Exchange Rate Fluctuations", *Journal of International Economics*, Vol.75, No.2, 2005.

138. Tharakan, Beveren I.V., Ourti T.V., "Determinants of India's Software Exports and Goods Exports", *Review of Economics and Statistics*, Vol.87, No.4, 2005.

139. Willen, P.S., "Incomplete Market and Trade", Working Paper of Federal Reserve Bank of Boston, No.04-8, 2004.

140. Yin Zhang, Guanghua Wan, "Correcting China's Trade Imbalance: Monetary Means Will not Suffice", *Journal of Policy Modeling*, Vol.30, 2008.

141. Zarnowitz, V., *Front Matter, Business Cycles, Theory, History, Indicators, and Forecasting*, University of Chicago Press, 1992.

后　记

本书是教育部人文社会科学基金规划项目"人民币国际化进程中估值效应优化的渠道评估与策略选择"（项目编号：18YJA790055）和国家社会科学基金一般项目"G20框架下中美经济失衡治理的利益影响评估与路径选择研究"（项目编号：12BJY120）的阶段性研究成果。同时，本书得到教育部2017—2018年度国别和区域研究课题"G20与全球治理"、湖北省2018年度本科教学改革研究项目"研究生助教能力培养策略与实践：以国际商务专业全英文班为例"、湖北省2018年度制造强省项目"如何加快我省'芯屏端网'产业集群问题研究"（项目编号：鄂采计（2018）—31670号）、武汉大学人文社会科学自主科研项目（项目编号：2018QN021）、武汉大学2018年度本科教学研究项目（项目编号：2018JG043）、武汉大学本科通识教改研究项目"'一带一路'地区文化与经济发展模式比较"、2018年度研究生全英文课程项目"国际投资"与复旦大学发展研究院中美友好互信合作计划项目"转型时期中美经贸关系发展前景研究"（项目编号：FDZMHX1801）的资助。此外，本书的出版还得到了武汉大学经济与管理学院"理论经济学双一流"学科建设经费的资助，是武汉大学人文社会科学青年学者学术发展计划"一带一路"能源转型战略研究青年团队的阶段性研究成果，在此一并表示感谢。

本书是我在前期近 10 篇阶段性学术论文和工作论文的基础上，历时 5 年完成的。我的研究生王方舟、李沙沙、金山、黄晓琪、李同稳、舒琪、杜雪利、黄璇、许靖沂、闻照、于春泉和吴育昭，在著作的前期资料收集、数据整理和计量分析中作出了重大贡献，具体写作分工如下：第一章：刘威；第二章：刘威；第三章：刘威、舒琪（数据分析）、金山（数据分析）；第四章：刘威、黄晓琪（计量分析）、王方舟（数据分析）；第五章：刘威、李同稳（数据分析）、李沙沙（计量分析）；第六章：刘威。全书的执笔人是刘威，参考文献的校对特别感谢闻照同学、于春泉同学、吴育昭同学和黄璇同学。

本书的相关研究的数据和资料获取得到了教育部社科司、教育部国际司、国家哲学社会科学规划办、中国国家统计局、中国商务部、外交部欧洲司、湖北省经信厅、美国商务部、武汉大学经济与管理学院、武汉大学欧洲问题研究中心、武汉大学美国加拿大经济研究所等单位的大力支持。我在此向上述单位和个人表示衷心的感谢！同时，本书的写作还参考了国内外大量的文献，在此向这些文献的作者表示感谢。此外，还要特别感谢所在团队的武汉大学美国加拿大经济研究所和武汉大学欧洲问题研究中心的领导和同事，分别包括：陈继勇教授、齐绍洲教授、张彬教授、张建清教授、刘再起教授、余振教授、林玲教授、李卓教授、王胜教授、谭红平副教授（加拿大）、肖光恩副教授、胡艺副教授、雷欣副教授。感谢他们对本书的撰写提出的宝贵意见和支持建议。同时，感谢人民出版社郑海燕编审为本书出版付出的辛勤劳动。

最后，本书是在我的父母刘耀新先生和张明华女士、我的妻子李薇薇女士和女儿刘芸萱的支持下撰写完成的,他们的辛勤付出,让我能有足够的写作时间,从而顺利完成这部专著。对他们,我感觉亏欠很多。由于在此著的完成中,她们居功至伟,在此表示特别致谢!

刘　威

2019 年 7 月于湖北武汉珞珈山武汉大学